U0543393

王筱依 著

社会翻译学视域下的中华优秀文化外译和传播研究

目 录
CONTENTS

绪论 ·· 1
  一、研究问题 ··· 2
  二、文献回顾 ··· 3
  三、研究意义 ··· 18
  四、研究设计 ··· 22

第一章 翻译活动研究的动力与需求 ·· 27
  一、翻译活动研究的内在动力 ··· 27
  二、翻译活动研究的外在需求 ··· 40
  三、新时代翻译活动研究的需求转向 ·· 49

第二章 翻译活动研究的社会学理论基础 ···································· 54
  一、翻译研究的社会学视角 ·· 56
  二、布迪厄社会学理论 ·· 64
  三、行动者网络理论 ··· 74
  四、社会系统理论 ·· 79
  五、中国社会翻译学理论的萌芽 ·· 85

第三章　中国传统优秀文化传承创新与传播互鉴机制研究 … 90
一、中华传统文化的丰富内涵 … 90
二、中华传统文化的文明互鉴历程 … 106
三、中华传统文化的译介路径探究 … 120

第四章　中华优秀文化外译人才培养理念与模式研究 … 126
一、中华优秀文化外译人才培养的目标与意义 … 127
二、中华优秀文化外译人才培养的现状与问题 … 131
三、"文明互鉴，文化融合"背景下外语人才的发展趋势 … 135
四、文化外译人才培养的目标与方法 … 142

第五章　中华优秀文化多语传播数字化建设 … 150
一、文化数字化研究成果 … 150
二、中国数字化文化产业研究 … 156
三、国外文化数字化建设的启示 … 159

结语 … 168

绪　　论

当前人类社会正面临着"百年未有之大变局",全球治理体系经历着巨大变革,以经济和科技为基础的综合国力竞争空前激烈,文化领域的竞争更是如此。文化软实力越来越成为争夺发展制高点、道义制高点的关键,正所谓"文化兴则国运兴,文化强则民族强"。2020年10月,《中共中央关于制定国民经济和社会发展第十四个五年规划和二〇三五年远景目标的建议》(简称《建议》)指出,到2035年要建成"文化强国",并提出"坚持马克思主义在意识形态领域的指导地位,坚定文化自信,提高国家文化软实力"。随着全球化趋势加深,世界日益成为一个普遍联系、相互依存的有机整体,不同国家、民族间的文化交流、交融、交锋愈加密切,文化在综合国力竞争中的地位更加凸显,促进中华文化域外翻译与传播、推动中华文化"走出去"是增强国家文化软实力、建设社会主义文化强国的必然要求。党的十九届五中全会明确提出到2035年建成文化强国的远景目标,对"十四五"时期的文化建设做出了重要部署,开启了建成文化强国的新征程。在新的历史起点上,中华民族迎来了从站起来、富起来到强起来的伟大飞跃,迎来了实现中华民族伟大复兴光明前景的新阶段,话语权和话语体系问题成为文化强国建设中亟待解决的短板。如何担负起新的文化使命,构建中国特色文化强国话语体系,以中国文化话语权的提升,助推社会主义文化强国建设和中华民族伟大复兴,成为中国全面建成社会主义现代化强国的重要战略任务。

新中国成立以来,出现了翻译活动的高峰期,无论是中外书籍笔译规模之大还是口译应用范围之广,都展示了新中国取得的巨大成就。翻译事业作为改革开放的重要力量和标志性产业也取得了显著进步,对中国社会的发展产生了极为显著的影响。社会发展、翻译实践、翻译研究以及翻译学科建设也迎来了开创性和突破性的发展。

本研究立足新中国成立以来,翻译活动的现状和实践研究(重点突出改革开放 40 年来的成就),从社会学视角切入,结合皮埃尔·布迪厄(Pierre Bourdieu)的场域理论、布鲁诺·拉图尔(Bruno Latour)的行动者网络理论及社会系统理论,以求真务实的态度,对翻译活动的产生、影响因素以及对中国社会的影响做了较为完备的梳理和评述。希望可以通过回顾及分析,为中国翻译活动、中国社会翻译学、中国翻译活动与社会互动关系的发展找到出路,为推动中国社会翻译学、中国文化外译、中国翻译产业、中国翻译话语体系等方面的建设打下一定的基础。

一、研究问题

文化是受价值引导的体系和思想,是人类对象性活动呈现的本质与推动力量;民族文化是中华民族共同体意识的核心要义;文化强国是沉积在中华民族历史深处的核心理念。党的十九届五中全会明确提出,到 2035 年建成文化强国的远景目标,对"十四五"时期的文化建设做出了重要部署,开启了建成文化强国的新征程。会议形成的《中共中央关于制定国民经济和社会发展第十四个五年规划和二〇三五年远景目标的建议》指出,"要坚定文化自信,以社会主义核心价值观引领文化建设,推进社会主义文化强国建设"。立足新的时代背景和发展征程,围绕着力推进中国现当代文化外译与传播能力建设、发挥社会主义核心价值观在文化强国建设进程中的引领价值、创新中国现当代文化对外译介和传播方式等对社会主义文化强国建设作用的研究。加强中国现当代优秀文化外译与传播模式建设,增强中国现当代文化在国际上的话语权是实现党的十九届五中全会提出的第十四个五年规划和二〇三五年远景目标以及社会主义文化强国建设过程中必须解决的根本问题。围

绕这一核心问题,本研究拟解决三个关键问题:

问题一:如何在推进中外文化的交流交融与互学互鉴中增强中国文化软实力?该问题的焦点在于:其一,在全球化背景下,如何挖掘并详细阐释中华传统文化所蕴含的可供当今国家和全球治理借鉴的思想智慧?其二,如何提炼中国现代文化体制机制中的核心要素,并借助其国际影响力体现出比较优势?

问题二:如何实现中华优秀传统文化的创造性转化与创新性发展,夯实文化强国建设的根基?该问题的焦点在于:其一,如何挖掘和阐发中华优秀传统文化中的思想价值?其二,如何归纳中华优秀传统文化的转型机制框架,推进传统文化的创造性转化与创新性发展?其三,如何从基础教育、高等教育等层面提出新时代中华优秀传统文化倡导的教育路径?

问题三:如何在新时代新媒体语境下更好地实现中华文化"走出去",传播中国智慧,提高国际话语权,塑造国家形象?该问题的焦点在于:其一,助推中华文化"走出去"的"文化译介"有哪些?其二,如何多层次、多模态地实现话语体系的构建,讲好中国故事?其三,如何借助技术实现中华优秀传统文化的多模态传播?

二、文献回顾

(一) 优秀传统文化外译简史

中国是一个历史悠久的文明古国,语言文化交流频繁,从东汉时期的佛经翻译到如今改革开放后全面开花的各领域翻译活动,中国的翻译活动已有几千年的历史。然而,这项活动在历史长河中并没有得到应有的重视,对其本质和规律也缺乏有效、深入的探索,仅停留在简单应用和零散总结的研究层面,以致历史上四次翻译高潮均未能为中国翻译理论体系的形成和发展提供契机。究其原因,我们对翻译实践活动的理性认识和系统梳理严重不足,翻译研究意识薄弱、翻译理论探索匮乏。事实上,翻译实践与翻译理论是高度统一、不可分割的。复杂多变的翻译实践为翻译理论发展提供了肥沃的土壤,而翻译理论是对翻译实践经验的总结和提炼,用翻译理论抽象出的一般规律进一步指导翻译实践,达到规范翻译标准、保证翻译质量,使翻译活动日臻完善、翻译事业不断壮大,这也是社会进步的重要标志。

历史上,中国的翻译活动一共经历了四次高潮。

第一次高潮:东汉至唐宋时期,佛经翻译盛行。

东汉至唐宋时期,佛教的传入推动了佛经翻译的盛行,这一时期许多见解独到的高僧,在翻译思想上提出了创新性的观点。

第一位是安世清,他是佛经翻译的鼻祖之一,他主张对佛经进行直译,追求对原文的忠实还原。他注重语言学和语法的准确性,这对后来的翻译思想产生了深远的影响。第二位是支谦,他是中国佛教史上的重要翻译家,在翻译活动中提出了"文质之争"的观点。他主张翻译要注重文字的艺术性,同时追求内涵的传达,强调在译入语中应体现佛教的精神。第三位是唐朝的玄奘法师,他是佛经翻译的杰出代表,强调在翻译中要"求真喻俗",既要保持佛经的真实性,又要顺应当时社会的文化风貌,使佛教思想更好地融入中国社会。从直译鼻祖安世清到提出"文质之争"的支谦,再到提倡"求真喻俗"的唐朝玄奘法师,体现出这一时期的中国翻译思想出现萌芽,从忠实原文到顺应译入语,翻译标准和原则逐渐多样化。

我们以此时期具有代表性的佛经翻译为案例对翻译思想的演变进行分析。如,《般若心经》是佛教经典之一,被翻译成各国语言。早期如安世清的直译注重文字的准确,而后来的翻译则更注重文学表达,体现了"文质之争"和"求真喻俗"的翻译理念。广受尊崇的《法华经》,曾出现过多个翻译版本,既有注重直译的,也有强调文学表达的。支谦在翻译《法华经》时,强调在保持原文精神的同时,应注重文字的文学价值。慧远是中国佛教学者和翻译家,他在编纂《大正新修大藏经》时强调"求真喻俗",力图使佛教的经典更适应当时社会的需要,在一定程度上影响了佛经的传承与发展。

在佛经翻译的过程中,中国翻译思想逐渐从最初的直译转变为多元化的模式。翻译者在面对源文本时,逐渐关注翻译的艺术性、文学性。

第二次高潮:明朝末年至清朝初期的科技翻译。

中国传教士翻译时期,主要集中在明末清初,这一时期见证了大量西方文献通过传教士传入中国。他们不仅翻译了基督教经籍,也介绍了大量西方科技著作,如利玛窦和徐光启合译了《几何原本》《测量法义》等许多西方科学著作,很多重要概念沿用至今。这些西方科学著作成为中国近代科学技术发展的重要基础。翻译活动成为文化交流的桥梁,传教士的翻译特点和思想对中西文化的交流产生了深远的影响。

首先,从译文特点来看,这一时期的译本宗教色彩浓厚,目的是传播基督教教义。在翻译中强调对基督教原著的忠实还原,同时注重体现基督教的价值观。例如,利玛窦(Matteo Ricci)是17世纪末至18世纪初的耶稣会传教士,他的著作《天主实义》是中国早期有关西方科学的翻译之一。他在翻译中融入了基督教的观点,试图通过科学知识传播基督教信仰。利玛窦的翻译体现了色彩浓厚的宗教特点,他通过介绍西方科学,旨在以科学的方式为基督教提供理论支持,达到宗教传播的目的。

其次,从文本选择来看,传教士翻译的文献涉及文学、科技、哲学等多个领域。传教士不仅翻译了宗教经典,还介绍了西方的文学作品、科学知识等。如18世纪,一些传教士翻译了牛顿力学的相关著作,将这一重要的科学理论引入中国。他们注重科学概念的准确传达,体现了文学与科技相结合的特点,旨在通过科学理论的翻译,提高中国对西方科学的认知。

最后,汉学研究自此兴起。传教士翻译时期,一些传教士对中国的语言、历史、文学进行深入研究,形成了早期的汉学研究。这种深入了解中国文化的独特视角影响了后来的汉学研究。马礼逊(Robert Morrison)是19世纪初美北长老会的传教士,他的译著《声韵学津梁》详细介绍了中国的音韵学体系。他在翻译中体现了对中国语言学的深入研究,形成了对汉学的独特贡献。他通过对中国语言的深入了解,为中西语言学的交流搭建了桥梁,推动了汉学研究的发展。

传教士的翻译活动在一定程度上启蒙了中国近现代知识分子,成为中西文化交流的桥梁,为两个文明的相互理解奠定了基础。传教士们不仅传递了宗教观念,还为中西文学、科技等领域的交流奠定了基础,为中国社会发展提供了新的视角。

第三次高潮:鸦片战争(1840年)至"五四运动"(1919年)时期。

这段时期以译介西方资产阶级思想为主要特点。1840年鸦片战争爆发,中国清朝政府的腐败和赢弱完全暴露,有志之士纷纷寻找救国图强的方法,把眼光投向相对发达的西方国家,醉心于翻译西方政治经济学说,旨在将西方先进思想引入国内,试图摆脱封建思想的桎梏。其中,最为著名的翻译家是中国西学第一人严复,他翻译了维新思想的重要构成部分《天演论》,并在其卷首的《译例言》中提出了著名的信、达、雅翻译标准,其理论意义重大、影响深远,无疑是中国传统翻译理论的基石。

此时期的翻译特点为:西学东渐、求新求变,内容多样、涉猎广泛,思想启蒙、文学革新。

第一,西学东渐、求新求变。鸦片战争后,中国社会对西方文化产生了浓厚兴趣,许多知识分子开始学习西方语言、科学、文学等。翻译活动以西学东渐为主题,求新求变成为时代的代表特点。例如,康有为等人翻译的《大元大一统志》是中国第一部西方地理学译著,这标志着中国对西方科技文献的翻译迈出了重要的一步,推动了地理学知识的传播。

第二,内容多样、涉猎广泛。翻译不再局限于宗教文献,而是涉及科技、政治、文学等多个领域。经典著作、科学著作、政治理论等大量西方文献被引入中国,推动了中国知识体系的更新。西方文学作品开始被广泛翻译,包括小说、诗歌等,拓宽了文学的多样性。例如,1892年的《红楼梦》英译本,不仅是对中国古典小说的翻译,也是中国文学的国际传播。

第三,思想启蒙、文学革新。翻译活动成为启蒙运动的一部分,西方启蒙思想如理性主义、进化论等被大量引入。这一时期还见证了中国文学的革新,《红楼梦》等开始被翻译,对中国文学产生深远影响。中国翻译家在这一时期对外文化的审视更加理性和全面,不仅翻译文字,更是对外国文化进行了全方位了解与吸收。

绪 论

中国第三次翻译高潮是中国近现代翻译活动的重要阶段,标志着中国对外来文化的广泛吸收和对传统文化的反思,不仅推动了中国知识体系的更新,也为文学、科技、哲学等领域的交流奠定了基础。这一时期的翻译活动影响深远,为中国走向现代化、拥抱世界文明提供了重要支持。

第四次高潮:新中国成立后,尤其是改革开放以来中国翻译事业蓬勃发展。

当时,中国政府组织了一大批翻译工作者有计划地开始翻译活动,以译介马列著作和毛泽东思想为主。由于译书工作在翻译标准和质量上严格要求,此时出现了一大批优秀的译著和翻译家。改革开放后,翻译活动全面展开,译著数量、译者队伍不断壮大,翻译的领域、语种空前扩张,尤其是在翻译技术和方法上更是屡屡创新、应用广泛,对中国社会的发展做出了令世人瞩目的贡献。正是在这样频繁的翻译活动中,中国学者开始了对翻译理论的深入研究,并开始构建中国特色的翻译理论体系。

此时期的翻译特点包括:

第一,政治导向性强。翻译活动受政治导向的影响,以宣传社会主义核心价值观、引进社会主义理论为主要任务。翻译作品在一定程度上服务于国家的政治宣传和意识形态的推广。例如,翻译活动更加注重对社会主义思想的宣传,翻译了马克思列宁主义、毛泽东思想等重要文献,以弘扬社会主义核心价值观。此时,马克思主义经典《资本论》的翻译被列为重点。这一翻译案例标志着马克思主义在中国的深入传播,对中国社会主义建设产生了深远影响。

第二,翻译内容涉猎广泛。翻译涵盖政治、经济、科技、文学等多个领域,旨在多层面吸收国外先进经验和知识,推动中国现代化建设。此阶段引进的世界文学名著,包括《战争与和平》《傲慢与偏见》等,拓宽了中国读者的文学视野。

第三,翻译注重本土化。在翻译活动中,注重外国文化与中国的国情的结合,使之更适应中国的社会背景。例如,在翻译《毛泽东选集》时,翻译家会针对中文语境对一些特有的思想、政治理论术语进行本土化处理,使毛泽东的思想更好地被理解和接受。

第四,大量作品被引进国内,翻译出版行业繁荣发展。大规模引进外国文化文学、哲学思想、科技理论等作品,填补了文化领域的短板。20世纪60至80年代,中国引进了不少东欧国家的文学作品,如匈牙利作家卡尔马诺夫的《阳光教堂》等;大量的俄语文学在此阶段被引入,如陀思妥耶夫斯基的《罪与罚》、契诃夫的短篇小说集等。20世纪80年代,中国开始引进拉美文学作品,如加西亚·马尔克斯的《百年孤独》等。这些作品向中国读者呈现了不同国家的文学风貌。

(二)相关学术史

1. 文化强国建设相关研究的学术史

党的十七届六中全会提出了"建设社会主义文化强国"的文化发展战略,之后学界对这一问题的关注迅速升温,产生了一系列重要研究成果。通过梳理已有文献可知,目前学界对于社会主义文化强国建设的研究大致呈现以下趋向:

(1)对文化强国基本内涵的研究。何谓社会主义文化强国,文化强国"强"在哪里,是文化强国建设的核心问题。相关研究主要有:第一,文化强国之"强"主要体现在心理强、意志强、思维能力强和实践力度强。同时,强与大是相连的,文化之"大"则体现为文化视野大、气概大、胸怀大,以及文化生产、文化使用、文化享有的大众化和公共化。① 第二,通过对社会主义文化强国的内涵进行分析,认为中国特色社会主义文化强国涵括三重意蕴,即坚持马克思主义、传承中国传统文化精髓和吸纳西方优秀文化成果。② 第三,结合中国特色社会主义这一特定背景,认为社会主义文化强国包含坚定文化自信、激发文化创造活力的价值属性和促进先进文化转化

---

① 毛志成:《文化强国贵在尊重文化资本》,《中国党政干部论坛》2011年第12期,第1页。
② 刘文艺:《中国特色社会主义文化强国之内涵探析》,《兰州学刊》2013年第6期,第179—183页。

为国民素质文化、推进中华民族伟大复兴的实践属性。① 根据习近平总书记的重要论述,有学者强调,新时代中国特色社会主义文化强国建设必须突出"中国特色"、坚持以人民为中心的价值旨归、维护意识形态安全,同时坚持世界文化的多样性发展。②

(2) 对文化强国建设战略意义的研究。中国为何提出建设社会主义文化强国的宏伟目标和战略任务? 这对世界和平发展和人类文明进步有怎样的意义? 对实现国家现代化和中华民族伟大复兴又将产生怎样的深远影响? 相关研究主要包括:第一,建设社会主义文化强国是坚持中国特色社会主义道路的必然要求,是对当今世界潮流的深刻洞察与准确把握,也是由文化自身的特性和发展规律所决定的。③ 第二,从马克思主义文化结构论切入,指出文化强国战略目标为当代中华民族凝聚力的进一步增强找到了新的着力点。④ 第三,建设社会主义文化强国,推动文化繁荣昌盛作为新时代社会主义现代化宏伟蓝图的重要组成部分,是重塑世界文化格局的战略举措,也是建成社会主义现代化强国的战略要义。⑤

(3) 对文化强国历史演进的研究。相关研究主要包括:第一,在回顾党关于文化建设战略思想发展的基础上,从文化强国建设的四个阶段,分别论述了四代中央领导人关于文化建设的思想,体现了党在文化建设思想上的与时俱进。⑥ 第二,总结了中国共产党探索文化强国战略的百年历史经验发现,准确把握国情是文化强国战略实施的根本依据,明确先进文化的时代方向和创新发展是奋斗目标与动力,坚持群众路线是基本立足点,保证意识形

---

① 单培勇、康海轩、姬迎喜:《社会主义文化强国的内涵、特征及其建设路径》,《中学政治教学参考》2018 年第 33 期,第 22—25 页。
② 许门友、邓丽君:《论习近平关于全球化背景下我国文化强国建设重要论述的原则向度》,《西安财经大学学报》2020 年第 33 卷第 3 期,第 5—11 页。
③ 王能宪:《为什么要建设文化强国》,《艺术评论》2012 年第 2 期,第 2—3 页。
④ 田旭明、沈其新:《文化强国与当代中华民族凝聚力的升华——马克思主义文化结构论视角下的分析》,《理论导刊》2012 年第 4 期,第 77—79 页。
⑤ 颜旭:《文化强国战略:传续中华民族的精神命脉》,《前线》2018 年第 6 期,第 40—43 页。
⑥ 刘晓玲、梁丹:《建设社会主义文化强国战略思想的历史演进》,《求索》2011 年第 12 期,第 90—91、16 页。

态领导权和党的文化领导力是坚强保障。①

（4）对文化强国建设路径的研究。相关研究主要包括：第一，立足国内、国际两个大局，详细阐述了建设文化强国的具体路径，认为文化强国建设既要立足国情，又要面向世界，必须坚持马克思主义的指导地位，弘扬社会主义核心价值观，提高中华文化传承、创新能力和国际影响力，推进文化观念、内容、体制等方面的改革。② 第二，建设社会主义文化强国首先要重视文化战略地位，必须坚持走中国特色社会主义文化道路，不断深化文化体制改革、推动文化产业发展、为文化人才队伍营造良好环境。③ 第三，从重大战略设计层面探讨了文化强国建设的总体路径，认为推进社会主义文化强国建设，应以建设中华民族精神家园为目标，把握数字信息技术的机会窗口，推进文化治理体系和治理能力现代化，不断巩固全体人民团结奋斗的共同思想基础，更好地构筑中国精神和中国力量。④

通过以上梳理可以发现，文化强国建设问题近年来受到了学界广泛而深入的关注，相关研究成果日渐丰富，体现了国内学界对为何实施文化强国战略、如何推进这一战略等重大问题的自觉回应，为实现建成社会主义文化强国的宏伟目标提供了重要借鉴。但总体而言，目前关于文化强国的研究尚处于起步阶段。从研究内容来看，已有研究虽然关注了文化强国建设的内涵、价值意义，但是从整体视野对文化强国所涉问题、环节、领域进行的整合式理论探索却相对薄弱，完整、系统、富有启发和指导性的理论体系有待形成；从研究方法来看，通过理论思辨、内省式演绎形成的研究成果较多，而基于深入调查的客观描述与规律探究的实证性研究并不多见；从研究视角来看，尽管

---

① 周锦涛：《中国共产党探索文化强国战略百年历史的基本经验》，《浙江大学学报（人文社会科学版）》2020年第50卷第4期，第16—28页。
② 郭建宁：《文化强国的战略意义与实现路径》，《学校党建与思想教育》2012年第7期，第12—14页。
③ 杨凤城：《走中国特色社会主义文化发展道路 建设社会主义文化强国》，《河北师范大学学报（哲学社会科学版）》2013年第36卷第2期，第5—12页。
④ 傅才武：《推进文化强国建设的重大战略设计》，《人民论坛》2020年第31期，第46—49页。

目前介入文化强国问题研究的学科较多,但是学科之间围绕文化强国问题进行深度对话的研究成果依然不足,缺乏使不同学科研究形成合力的统领性文化强国话语体系。

2. 文化外译与传播相关研究的学术史

文化是一个民族的根基和灵魂,是实现民族振兴和国家发展的强大精神力量。党的十九大以来,坚定的文化自信使中国文化软实力大幅提升,国际社会对中国特色社会主义新时代的关注与认同与日俱增。但与此同时,西方资本主义世界凭借媒介霸权构建全球文化霸权的脚步并未放缓,国际舆论格局西强我弱的总体形势导致国际社会中威胁中国民族精神独立和国家文化安全的因素依然存在。目前学界对文化外译与传播的研究分为三类。

(1) 文化外译与传播的战略意义研究。随着中国综合国力和国际影响力的不断增强,文化走出去的呼声日渐高涨,中国文化"走出去"成为中国文化强国建设的基本战略。在这样的语境下,"文化外译""文化传播"作为文化强国建设的重要载体,受到了越来越多学者的关注。关于中国现当代优秀文化外译与传播战略意义的研究,比较有代表性的观点有:实施文化"走出去"战略,推动中国现当代优秀文化外译与传播,有助于扩大中华文化的国际影响力,增强文化产业竞争力,塑造中国的文化大国形象,营造中国和平发展的国际环境,进一步提升当代中国的文化软实力。[①] 从研究的切入点来看,有的文献从国家形象的文化魅力和文化输出、国家形象塑造等方面阐述了中国现当代优秀文化外译与传播的意义;有的文献从文化安全和文化话语权的角度,阐述了文化外译与传播的迫切性;还有的从文化软实力方面,论述了文化外译与传播的重要性,但缺少全面、系统的理论分析。但是,少有学者对中华文化外译与传播的国内、国际背景和时空特征进行整体性论述,而这对于认识中华文化外译与传播的现实价值、理解并推动中华文化"走出去"战略具有重要意义。

---

① 骆玉安:《关于实施中华文化走出去战略的思考》,《殷都学刊》2007年第2期,第153—156页。

(2) 文化外译与传播的理论研究。文化外译与传播实践研究方面,已有学者从传播学和跨文化交际的理论视角出发,论述文化外译与文化传播活动的本质,并对中国现当代优秀文化翻译与传播的关系进行理论阐释。在西方,将翻译和传播学相结合的理论研究可追溯至 20 世纪 60 年代,美国翻译理论家尤金·A.奈达(Eugene A. Nida)率先将符号学、信息论的相关成果引入翻译研究中。德国翻译研究学者沃尔夫拉姆·威尔斯(Wolfram Wilss)指出,翻译是与语言行为密切关联的一种语际信息传播的特殊方式。① 英国翻译理论家罗杰·贝尔(Roger Bell)将翻译置于信息论的视角下,提出了翻译过程模式。② 美国学者斯科特·L.蒙哥马利(Scott L. Montgomery)开始从跨文化传播的视角研究翻译活动,阐述了翻译的跨文化传播特征以及翻译对人类跨文化传播实践的巨大影响和意义。③ 英国学者莫娜·贝克(Mona Baker)将"再叙事"理论引入翻译研究,强调翻译在跨文化传播中的重要地位,并认为翻译有可能挑战文化霸权话语。④ 西方学者借鉴信息论、传播学以及跨文化研究的相关理论与方法,对翻译的生产、传播和接受等过程进行研究,为翻译的跨学科研究构建了新的参照系统。

在中国,也有学者从文化传播视域进行翻译研究,但尚未形成势头。在《翻译学——一个建构主义的视角》一书中,吕俊指出,翻译是一种以语言为媒介的社会传播活动,并且把传播学的知识框架改造为适用于翻译学的机体结构模式进行研究,为翻译学的建构和发展服务。⑤ 罗选民在《文化传播与翻译研究》一文中提到,翻译与文化传播在语言和符号的特征、鲜明的意图性、市场依存性、互动性等方面都存在着共同点,甚至可以说是你中有我、我

---

① Wolfram Wilss, *The Science of Translation: Problems and Methods*, Shanghai: Shanghai Foreign Language Education Press, 2001, pp.22 - 25.
② [英]罗杰·贝尔:《翻译与翻译过程:理论与实践》,外语教学与研究出版社 2001 年版。
③ Scott L. Montgomery, *Science in Translation: Movements of Knowledge through Cultures and Time*, Chicago: University of Chicago Press, 2000.
④ Mona Baker, *Translation and Conflict: A Narrative Account*, Routledge, New York and London, 2006.
⑤ 吕俊、侯向群:《翻译学——一个建构主义的视角》,上海外语教育出版社 2006 年版。

中有你。我们应该超越语言表层的局限,从更高、更广的文化层面进行翻译研究,使其在文化传播领域获得更大成功。① 谢柯和廖雪汝以名实问题为核心,提出了建立翻译传播学的构想,并对这一学科存在的合理性、科学性、有效性,以及相关研究对象与研究方法进行了阐释。② 罗选民从大翻译的理论框架出发,明确了文化外译和传播研究对中国国家形象建构与文化传播的重要意义。③

（3）文化外译与传播的路径研究。在中国着力提升国家综合实力和积极推进国际传播能力建设的背景下,如何推动当代中华文化外译与国际传播,构建新的文化外译与传播体系,已成为中国面临的重大现实问题。学术界对此进行了诸多探讨,并取得了一系列重要成果。蔡平从译者的角度探讨文化外译与传播的策略。从宏观角度看,译者对翻译材料的选择绝非随意,而是受社会历史背景和个人意识形态等因素的影响,翻译策略、翻译工具都有着深深的文化烙印;从微观角度看,翻译实践中译者对字、词的把控同样为文化因素所左右,不单是源语文化,目的语文化更是如此,而找出富含文化底蕴且有效解决文化差异的对等语句是翻译之关键所在。因此,翻译、语言与文化相互影响、互为制约,通过译入、译出工作,翻译使更深层次的文化交流和文化传播得以实现,同时在构筑本民族文化中起着关键性作用。④ 杨威和闫蕾以拉斯韦尔"5W"模式为基础,探析当代中华文化外译与传播的主要路径,对应传播者、内容、渠道、受众以及效果将当代中华文化国际传播策略分为五个方面:其一,塑造博闻多识且德才兼备的传播者,以提升传播公信力;其二,构建内涵丰富且感召力强的传播内容,以提升传播畅通性;其三,融合形式多样、技巧多元的传播途径,以增强文化载体的辐射力;其四,贴近受众日常习惯、消除传播障碍并打破文化偏见;其五,分析评估传播效果,实现社

---

① 罗选民:《文化传播与翻译研究》,《中国外语》2008年第4期,第91—94页。
② 谢柯、廖雪汝:《"翻译传播学"的名与实》,《上海翻译》2016年第1期,第14—18页。
③ 罗选民:《大翻译与文化记忆:国家形象的建构与传播》,《中国外语》2019年第16卷第5期,第95—102页。
④ 蔡平:《文化翻译研究》,博士学位论文,湖南师范大学,2008年。

会成员共同的利益诉求。①

(三) 研究评述

1. 文化外译与传播研究述评及其突破空间

通过对中国现当代优秀文化外译与传播研究文献的梳理和分析,以及用CiteSpace软件对文献数据进行突发性探测等手段可知,当前中国优秀文化外译与传播的研究热点可概括为以下三个阶段:

第一阶段(2001—2009年)的突发词包括"文化差异""归化""异化""翻译研究"。该阶段学者们开始关注翻译过程中的文化要素及文化差异,并且对相应的翻译策略,尤其对"归化"和"异化"这两种翻译方法展开了讨论,并预测了翻译策略的发展趋势。越来越多的学者认识到,要结合中国特定的社会文化语境,辩证地看待归化和异化翻译问题,并从文化层面对此进行更多思考。第二阶段(2008—2015年)围绕文化翻译和中译外活动进行研究。突发词主要包括"英译""中译外""文化翻译"。文化翻译研究源自西方翻译研究的"文化转向",主旨在于试图将翻译从语言本位中解放出来,关注文化背景、历史语境等宏观课题,强调翻译过程中的文化因素及文化转换。可以说,文化翻译赋予了翻译研究新的维度,拓宽了翻译研究的视野,使我们关注翻译活动与其他文化要素之间的关联。在这一阶段,学者们对文化翻译研究进行了积极的探索与反思,尤其是对翻译研究中的文化转向进行了反思,认为翻译是一种跨文化行为。与此同时,伴随中国文化"走出去"战略的大力推进,中国现当代优秀文化外译研究得到了学者们的广泛关注。第三阶段(2013—2020年)的突发词主要包括"外译"和"外宣翻译"。一方面,该阶段更多地关注文化翻译传播的生产与实践,开始从传播学的理论视角重新认识翻译活动,并进行了建构翻译传播学的探索,阐释了翻译传播学的理论基础和研究内容,明确了外译和外译研究对中国形象建构与文化传播的重要意

---

① 杨威、闫蕾:《当代中华文化国际传播策略探究——基于儒家文化传播历史经验之考察》,《学校党建与思想教育》2020年第24期,第4—10页。

义。另一方面,外宣翻译作为事关国家传播能力建设和国际形象的战略性任务,在文化"走出去"战略和"一带一路"倡议背景下,其重要性不断凸显。近几年关于外宣翻译的研究快速发展,学者们运用多种学科理论和方法,对外宣翻译展开了多视角研究,涉及当代修辞学理论、传播学理论、翻译符号学视角等。

总体来说,中国现当代优秀文化外译与传播领域的研究历经了从微观的文本要素到宏观文化语境,再到实践研究的过程,研究维度和理论视角日益丰富,深化了人们对文化外译与传播活动本质的认识。同时,文化外译与文化传播研究也呈现出与时代背景相结合的特点,强调了中国文化"走出去"战略背景下文化外译与传播的功能性与重要性,并积极采用传播学、社会学、文化研究等跨学科理论视角和研究方法对文化外译与传播活动进行深入探究,推动中国现当代优秀文化外译与传播这一研究领域的形成和发展。

不可否认的是,目前的文化外译与传播研究依然存在不足。首先,文化外译与传播研究缺乏有较强指导力的理论框架模型。就当前的研究态势来看,学者们对文化翻译传播的研究侧重于微观层面的外译策略和文本中文化差异的研究,后续研究应对文化外译与传播研究的中观层面和宏观层面,尤其是文化外译与传播的生产、分配和接受过程予以更多关注,以形成系统的中国现当代优秀文化外译与传播理论体系。其次,研究方法方面,目前仍然以思辨性研究方法为主,对中国现当代优秀文化外译与传播的接受性、文化传播效果等方面的实证研究,以及文化外译与传播的文化身份建构、文化价值和文化意识等方面的理论研究需要进一步改进与提升。因此,未来的中国现当代优秀文化外译与传播研究应开阔研究视野,充分融合语言学、传播学、社会学、文化研究等跨学科领域的研究理论和研究方法,更广泛地采用实证研究方法,积极建构中国现当代优秀文化外译与传播模式,力求产出更具价值的研究成果,不断丰富、深化中国现当代优秀文化外译与传播理论体系。

2. 社会主义核心价值观研究述评及其突破空间

学术界对中国当代文化的精髓——社会主义核心价值观的研究,主要围绕概念意涵、价值、文化要素、话语体系、培育路径以及体系建构等方面,形成了富有价值的思想观点和研究成果,为本研究奠定了基础,具有重要的学习、借鉴意义。但是,关于文化强国视域下社会主义核心价值观建构及引领路径的综合性理论成果还需进一步探讨、发展和研究。从研究历程来看,学术界对社会主义核心价值观的研究经历了从"内涵、提炼、要素、教育"到"社会主义核心价值体系建设"再到"话语体系、文化自信、实现路径"的过程。社会主义核心价值观话语体系、文化自信以及社会主义核心价值观建构路径成为最新的研究热点,并可能发展成社会主义核心价值观研究的学术前沿。从研究方向来讲,尽管关于社会主义核心价值观的研究取得了丰硕成果,但既有研究成果还存在对核心价值观的科学性研究不足、研究内容不够系统以及研究视域狭窄等问题,有必要从科学理论研究、系统性研究、实证研究等方面拓展未来的研究方向,增强研究成果的理论前瞻性与现实针对性。就研究方法而言,目前关于社会主义核心价值观的研究主要运用了文献分析法、政策解读法、定性研究法,这些研究方法在研究初期具有易于形成统一研究范式和规范话语体系的理论优势,但随着研究的深入,单一的研究方法呈现出研究内容同构、研究视域难以拓展、研究层次难以深入等缺陷,后续研究应更加注重比较研究法、跨学科研究法以及实证研究法等研究方法的运用。

因此,未来的研究可从几个方面着手来促进社会主义核心价值观的进一步发展及突破。第一,研究社会主义核心价值观的科学意蕴和逻辑结构。这主要从学理层面论证社会主义核心价值观的科学性和时代性。社会主义核心价值观是科学性与价值性的有机统一,科学性是价值性存在的前提,只有建立在科学性基础上的价值观念才能真正彰显其所代表的特定群体的价值理性意蕴。然而,绝大多数研究成果都是以社会主义核心价值观是一种科学的价值理论为立论前提的,至于为什么是科学的、其科学性体现在哪些方面却很少有人论及。另外,中国文化建设在"两个一百年"奋斗目标接续推进中进入新的历史阶段,社会主义核心价值观需要契合社会发展的新情况、新变化,适应新时代坚持和发展中国特色社会主义的总目标、总任务,解决新时代国家需要解决的问题。厘清社会主义核心价值观话语体系的科学内涵和逻辑结构,为进一步探索核心价值观的基本内容和基本策略提供理论基础。第二,围绕社会主义核心价值观进行有针对性的实证研究。目前学术界对社会主义核心价值观的实证研究甚少,实证研究的缺失极易割裂理论与实践的关联,导致理论与实践的错位。这样既不利于社会主义核心价值观理论的构建,也不利于社会主义核心价值观发挥对文化强国建设的引领和践行作用。本研究以社会主义核心价值观建构为主题,首先细化研究对象,然后结合文化强国建设实践进行实证调研和典型案例分析,对相关案例进行数据统计,重点分析社会主义核心价值观建构的影响因素、作用路径等,探索构建和践行社会主义核心价值观的一般规律。第三,探索文化强国视域下社会主义核心价值观的体系建构。社会主义核心价值观是一个动态的发展过程,是不同历史时期马克思主义者在回答时代课题的过程中所建构的开放性价值体系。面向 2035 年建成文化强国的时代命题和远景目标,要积极推进文化强国建设与社会主义核心价值观建构的深度融合,从宏观上建立、健全核心价值观体系的顶层设计,确立核心价值观体系建设的基本原则、指导思想、政治立场和行动指南;从微观上充实核心价值观建设的基本内容,结合文化强国建设目标,阐发核心价值观基本内容,创新核心价值观释义方式、转化方式和践行方式,切实探究社会主义核心价值观对文化强国建设的引领路径。

3. 国外智库对中国软实力的研究述评

近年来,随着中国综合国力和国际地位的提高,国外对东亚文化,尤其是中国文化的研究升温。2009 年 10 月,美国智库对外关系委员会以"中国 2025"为题就近年来中国的发展现状、发展前景及未来影响展开了一系列讨论。关于中国外交政策的研究,有兰德公司的《中国的国际行为》报告;关于中国社会问题的代表性成果有布鲁金斯学会的《发展中国家新兴的中产阶级》和《中国新兴的中产阶级:超越经济转型》,以及战略与国际研究中心的《中国养老制度改革的长征:〈银发中国〉再探》等。日本学者认同中国崛起的巨大动力及美好前景,其中日本 PHP 综合研究所的《日本对华综合战略》报告和日本国际关系论坛的《亚洲中的日本:我们该怎么做?》报告比较有代表性。欧洲学者对中国及中欧关系的研究主要聚焦于中国崛起的影响、欧盟对华战略选择、中欧战略伙伴关系及双边问题等方面。

可以看出,国际社会对中国、中国问题和中华文化的了解大部分已是比较客观、正面,甚至是有前瞻性的。这为传承与创新中华文化,发出中国自己的声音,既带来了机遇,又提出了更高的要求。

三、研 究 意 义

中华文化或中华学术外译一直是学界和业界研究的热点问题之一,尤其在新时代背景下,为适应经济发展,中国文化建设亟须完成从文化大国向文化强国的转变。中国文化软实力的建设和国际形象构建同等重要。本研究结合语言学、翻译学与传播学,对中华优秀文化的话语体系构建、外译和传播进行研究。在中国政治、经济不断进步的今天,中国文化软实力国际形象的构建显得尤为重要,将对中国文化、政治、经济等方面的发展带来更多的机遇和挑战。本节主要从理论、应用与社会三个方面论述"中华优秀传统文化外译"的意义与价值。

(一) 学术意义

本研究立足翻译和传播的现状,通过翻译学、产业经济学、国际传播学、多模态翻译、跨文化交际等跨学科视角,全方位、多维度、系统化研究中国特色大国文化软实力话语体系建设。通过对中华传统文化传承思维创新研究,提出文化软实力国际话语体系建设的路径,实现差异化、精细化、区域化的发展道路,旨在实现民族性与国际化的高度统一。本研究在前人研究的基础上,提出了文化话语的翻译原理——"文化场域"命题,系统分析了中华优秀文化对外转换和翻译的政策、方向、原理、规律、步骤、方法、策略和技巧。

1. 注重从源头阐释中华优秀文化的对外传播发生机理和创新传播机制

传承与创新中华传统文化,提高中国文化的软实力是一项大战略,需要科学的顶层设计和先进理念。新时期的中国在经济、政治、社会、民生等方面发生了巨大变革,为了适应国家整体发展需要,应从文化战略上对中华文化传承进行创新思考和分析,从国际整体利益出发,对中华传统文化全球发展战略进行新的表述与规划。

2. 加强对中华文化"走出去"的本土化规律探索

本研究基于国内中华文化外译的研究成果,通过定向和定量分析,以期达成研究的科学性,并以此为基础提出合理化建议。我们将深入挖掘中华文化在国际传播中的独特魅力和遇到的挑战;充分考虑目标受众的文化差异和需求,确保中华文化能够在异域生根发芽,更好地实现本土化;深入研究国外受众的文化习惯和审美取向,制定更为精准的翻译策略,同时注重文化元素的合理融入,以及语言表达的精准度;积极开展国际交流与合作,邀请当地专家、学者共同探讨中华文化的适应性和本土化路径,从而形成更具实践指导性的策略、建议。

3. 加强中华文化外译及传播的跨学科、高素质人才培养机制

"中国故事"处于"世界故事"的叙事框架之下,从历史发展趋势来看,"中国故事"与"世界故事"的联系日益紧密。只有认识到这一点,才能明确新时代中国对外话语能力的构建方向,设置对外话语人才培养的目标导向。在对外话语实践两大任务背景下,中国对外话语人才培养的使命和导向应向引介"世界故事"和讲述"中国故事"转变。对外话语人才要既能够吸收、借鉴人类优秀文明成果,又能够传播中国经验、贡献中国智慧、讲好中国故事。

4. 研究中国优秀文化的国际传播规律,提升国际话语权

构建统领不同学科的哲学话语体系尤为紧迫。文化强国需要构建与之相符的话语体系,发挥其整合、阐释和传播的功能,实现聚民心、兴文化、展形象的建设使命,向世界言说好中国文化。文化强国需要强大的民族自信和广泛的国际认同,民族文化支撑民族自信,国际话语权是国际认同的基础。中国话语体系构建要以建设国际认同的民族自信为目标,以马克思主义意识形态为指导,以社会主义核心价值观为引领,以传承中华优秀文化、阐释中国特色社会主义文化为内容,以外译和传播为路径,讲好中国故事,展示中国形象,提升国际话语权,实现国际认同。

(二) 应用意义

1. 提升文化软实力和对外形象

要想增强国家文化软实力、提升中华文化的国际影响力,就要推进文化传播,翻译在其中发挥了重要作用。中华文化的外译肩负着国家使命,是让世界了解中国文化、融入世界文明的重要手段。中华优秀文化外译对文化交流和社会发展有强大的推动作用。因此,在新的历史语境下,如何培养高素质、复合型的翻译人才;如何讲好中国故事、传播中国声音、构建中国对外话语体系;如何更好地推进中国文化外译、加强中译外研究,是翻译学界必须思考和回答的问题。

2. 对外翻译对建设社会主义文化强国的重要性

就文明互鉴角度而言,建设社会主义文化强国的着力点和实践逻辑在于:一、中华文化在交流、交融中对异质文化的吸收。中华文化的生命力在于其开放性和包容性,善于吸收、借鉴人类所创造的优秀文化。自古以来,中华文化的发展、社会的进步,与跨国界、跨民族、跨文化、跨时空的文化交流是分不开的。二、中华文化在交流、交融中对异质文化的丰富以及新时代背景下对全球治理的文化贡献。对外文化交流是中国参与全球化进程、为新时代的全球治理提供中国智慧的重要途径。三、新中国成立以来,特别是改革开放以来中国体制、机制改革经验及"人无我有、人有我优"之制度比较优势和对世界政治文化的重要影响。四、中华文化在国家认同、民族认同、身份认同中体现出的强大凝聚力。

3. 推动中国文化传播机制创新

我们致力于超越传统的翻译方式,深入挖掘中华文化的内涵,注重表达方式的本土化。采用新型传播手段,如虚拟现实、增强现实等技术,将中国文化呈现得更为生动和立体,使接受者能更直观地感受到其中蕴含的价值观和情感;积极借鉴国际成功经验,深入研究不同文化的融合;强调跨文化交流与合作,建立具有全球视野的团队,吸引国际化创意人才,使创新理念贯穿于整个传播机制的设计和实施过程中;注重数字化技术的应用,通过数据分析和智能化推广,更准确地把握受众需求和反馈;建设智能化文化传播平台,更精准、高效地实现信息传递,为中华文化的推广提供更为有力的支持。

这一系列的创新探索旨在建立一个更为灵活、高效、符合当代潮流的中国文化传播机制,为中华文化在国际上的传播打开更多可能性,创造更为丰富的国际文化格局。

4. 为国际传播能力建设提供参考

中国国际传播在寻求共同话语的过程中,要与国际媒体产生互动,本研究为中外在传播领域的合作、交流提供参考,助其达到"联接中外、沟通世界"的效果,提高受众的辨识能力,减少误解,为其他国家提供可借鉴的经验。

(三) 社会意义

在新的时代背景下,如何通过译介、话语体系构建等方式推动中华文化更好"走出去",扩大中华文明的影响力与感召力,是当下塑造中国新形象、建设文化强国研究的题中之义。我们应充分把握文化传统与文化创新的翕合,重视民族文化的自我认同和自我建构,不断把握与现代文化的平衡,不断矫正方向以符合世界文化的发展潮流。

对外文化话语作为一种特殊领域的语言形式和高级文化、政治语言,必然涉及权力与政治,与国家利益、国家安全、意识形态、对外形象和对外关系密切相关。政治敏锐性强、政治色彩浓厚是其最重要的特点。

中国特色大国对外文化话语体系建设是一个涵盖话语构建、话语翻译、话语传播、文化外译与传播语数据库建设等的系统性工程,其要素相互影响、相互制约、互为前提和基础,是中国全球战略和对外政策面临的一个紧迫议题和关键难题。本研究对讲好中国故事、传递中国声音、阐释中国特色,提升中国对外宣传质量、国际话语权和大国形象,实现外交政策目标、保护国家利益和安全,消除"中国威胁论"具有重要的现实意义和指导作用。

党的十九届五中全会提出到2035年建成文化强国的战略目标,并对如何实现这一战略目标做出新的谋划和部署。习近平总书记明确指出："中国特色社会主义是全面发展、全面进步的伟大事业，没有社会主义文化繁荣发展，就没有社会主义现代化。"这是党的十七届六中全会提出建设社会主义文化强国以来，党中央首次明确建成文化强国的具体时间，标志着我们党对文化建设重要地位及其规律认识的深化，为在全面建设社会主义现代化国家新征程中推动建成文化强国提供了行动指南，为我们深刻认识新时代文化建设新使命、创造中华文化新辉煌明确了前进方向。

党的十九届五中全会要求，全党要统筹中华民族伟大复兴战略全局和世界百年未有之大变局，深刻认识中国社会主要矛盾变化带来的新特征、新要求和错综复杂的国际环境带来的新矛盾、新挑战，增强机遇意识和风险意识，立足社会主义初级阶段基本国情，保持战略定力，办好自己的事，认识和把握发展规律，发扬斗争精神，树立底线思维，准确识变、科学应变、主动求变，善于在危机中育先机、于变局中开新局，抓住机遇、应对挑战、趋利避害、奋勇前进。这些是我们在新征程中推动建成文化强国必须深刻把握的战略判断和方法论原则。

本研究利用语言学及翻译学的学科优势，对中华文化外译和传播进行不同层次的研究，并以国家社会科学基金中华学术外译项目为研究对象，准确识变、科学应变、主动求变，从全新视角挖掘中华文化外译和传播对文化强国的重要作用；提出要想推进社会主义文化大发展、大繁荣，建设社会主义文化强国，就必须以更积极主动的姿态实施文化"走出去"战略，加强文化对外传播，深化中外学术交流和对话，扩大中华文化的国际影响力。而作为文化传播的前沿阵地，如何加强自身建设、整合传播内容、优化传播方式、拓展传播途径、提高传播效益，则是推动中华文化走向世界、实现文化强国伟大目标亟须研究和解决的重要问题。

四、研 究 设 计

本研究分为"研究设计建构""翻译活动研究的动力与需要""翻译活动研

究的社会学理论基础""中国优秀传统文化传承创新与传播互鉴机制研究""人才培养理念与模式研究"与"多语传播数字化建设"等部分,围绕研究思想和研究目标展开,层层递进,互为基础,形成有机的统一体。各部分均采用"总—分—总"的研究思路,首先,从宏观视角梳理研究问题和相关概念,整体把握每部分的研究线索与内容;其次,针对每部分的总体线索分别进行展开说明;最后,进行总结概括。具体包括如下内容:

(一) 社会翻译学理论框架建构(理论框架)

社会翻译学是翻译研究的一个分支,强调翻译现象与社会、文化间的紧密关系。社会翻译学理论主要从社会翻译学的发展史出发,提炼其主要的理论概念、理论视角与理论框架,探讨如何以社会翻译学为理论框架来分析中华优秀传统文化翻译研究。综合社会翻译学的内容,本部分可以从以下几个方面入手。

第一,社会背景、权力关系、政策导向对于中华传统文化外译的影响。本部分内容包括:了解中华文化的社会背景、经济发展背景与文化政策等,分析社会结构、价值观念、意识形态等对翻译活动的影响;利用社会翻译学的权力理论,探讨翻译中存在的权力关系,如政府、文化机构、跨国公司等对翻译活动的控制和影响;分析翻译过程中权力的流动和变化,以及这些权力关系对文化传播和翻译成果的影响。

第二,以社会互动为视角,研究中华文化外译中不同社会参与者(翻译者、读者、文化机构等)之间的互动关系。从人才培养的角度聚焦译者在中华优秀传统外译过程中的主体地位,分析社会互动对翻译传播和接受的影响,关注社交媒体、文化活动等平台上的翻译互动。

第三,技术对翻译的影响。考察科技发展对中华文化翻译的影响,如机器翻译、数字化工具等技术在翻译中扮演的角色;分析技术给翻译规范化、标准化和自动化带来的影响,以及对翻译专业人员的挑战。

在分析过程中,我们结合具体的翻译案例,深入挖掘社会翻译学的理论框架如何解释和解构中华文化翻译的现象。同时,结合社会学、文化研究、语言学等相关理论,构建更为全面和深入的分析视角。

本部分从优秀传统文化外译角度,系统分析新时代中国翻译的发展阶段,以及中华优秀传统文化翻译与经济、政治、社会之间的关系,阐明新时代对于文化外译和传播的现状;从理论支撑角度,系统阐明现阶段社会翻译学的理论内容与理论发展,搭建本研究的理论框架。本部分主要从两个方面展开。

1. 当代优秀传统文化外译研究

立足于全球化语境,基于十九届五中全会《中共中央关于制定国民经济和社会发展第十四个五年规划和二〇三五年远景目标的建议》的远景规划以及即将全面开启社会主义现代化强国征程的时代语境,结合当前西方全球文化霸权意图、国际舆论格局西强我弱形势、不同价值观充分遭遇后必然带来的"文化冲突"等客观因素,厘清中国现当代优秀文化外译与传播的时空内涵及语境特征,明确构建与2035年社会主义强国相适应的文化外译与文化传播理论模式的时代使命,进而考察中国现当代优秀文化外译与传播的内容构素与现实状况。本研究选取社会翻译学为理论框架,结合当下社会翻译学理论的发展和实践与新中国成立以来优秀传统文化外译成果,以及数据资料搜集方式,深入分析现阶段中国现当代优秀文化外译与传播研究的存在问题及影响因素。在此基础上,探索建构中国现当代优秀文化外译与传播的话语体系及传播机制,建立推进中国现当代优秀文化外译与传播模式,实现到2035年建成中国特色社会主义文化强国的宏伟目标。

2. 中国传统优秀文化传承创新与传播互鉴机制研究

首先,以"为何强"为主线深入挖掘中华优秀传统文化的丰富内涵,阐释中国传统文化为何强。从中华优秀传统文化思想价值的挖掘和阐发、中华优秀传统文化之于社会公共文化的培育与道德示范路径,以及新时代中华优秀传统文化的教育倡导路径等方面,探讨中华优秀传统文化的创造性转化与时代价值,以及如何实现中华优秀传统文化的创造性转化与创新性发展,夯实文化强国建设的根基。

其次,以"如何强"为主线,从新时代中西文化交融与对话路径、中华传统文化中所蕴含的可供当今国家和全球治理借鉴的思想智慧、中国现代体制机制文化中的核心要素、国际影响力及比较优势、中华文化在民众国族性、民族性养成中的作用机制等方面探讨中外文化互鉴中的中国文化软实力建设,以阐释中国传统文化如何强。

最后,以"走出去"为主线,从助推中华文化走出去的"文化译介"路径、讲好中国故事的话语方式,以及中国新形象的海外构建路径等方面,探讨新时代新媒体语境下中华文化"走出去"之路径,阐发中华优秀传统文化及中国智慧的国际贡献,即文化强国的国际国内现实意义及实现路径。

(二) 外译人才培养理念与模式

对国际传播专门人才队伍建设的研究重点在对复合型人才培养和传播媒介的研究上,重点聚焦对复合型人才培养的模式和融媒体研究。从国际传播能力上看,西强我弱的局面并没有改变,中国虽然已经是第二大经济体,建设与中国国际地位相匹配的软实力仍任重而道远。我们应加强国际传播专门人才的能力培养,切实提高国际传播能力,改变有理讲不出、讲出传不开的被动局面。

第一,在厘清国际传播专门人才的概念和建设国际传播专门人才必要性的基础上,借用拉斯韦尔"5W模式"的理论框架,探讨新时代国际传播专门人才队伍建设的理论体系研究。

第二,从学科体系、学术体系和话语体系三个方面展开讨论,包括如何在"产学研"三位一体的协同培养机制下,构建包含爱国情怀、国际视野和专业能力的培养方案;如何进行复合型的师资培养和跨学科的学术研究;如何将中国特色话语体系塑造为言之有物的实话,让受众区域群众喜欢听、听得懂。通过结合当前时代背景,构建国际传播专门人才队伍培养体系框架,揭示国际传播专门人才培养的核心要义。

第三,考虑到当前中国在国际传播领域的被动局面,从传播媒介、国际传播专门人才与传播媒介的研究入手具有重要意义。梳理现有海外传播媒介现状,对比中西传播媒介的研究,分析"引进来""走出去"的成功与失败的案例,研究媒介的创新发展、人与媒介的结合,从而进行国际传播专门人才队伍与媒介传播能力体系建设研究。

第四,全面提升国际传播效能,建设适应新时代国际传播需要的专门人才队伍,除了加强国际传播的理论研究、掌握国际传播的规律、构建对外话语体系、提高传播艺术外,还要采用贴近不同区域、国家、受众群体的精准传播方式,推进中国故事和中国声音的全球化、区域化、分众化表达,增强国际传播的亲和力和实效性。用何种评判体系规范、指导、引领中国国际传播实务成为当下的研究重点。

(三) 多语传播数字化平台建设

本研究立足大数据时代文化强国建设的现实背景下,中华文化"走出去"将聚焦中华优秀传统文化和现当代文化经典外译与传播,文化产业外宣与传播,结合数字化服务传播平台和文化数据库建设,打造目标明确、适应度高、应用范围广的中国文化数字化多语平台。中国文化数字化多语平台建设,主要包括传统文化数字化建设、现当代文化数字化建设和文化产业数字化建设。

第一,传统文化的研究聚焦于现阶段国内外数字平台搭建情况和所面临的问题与挑战。尤其关注中国典籍、非物质文化遗产和民俗文化的相关平台建设。

第二,现当代文化研究聚焦于习近平思想、社科前沿研究成果、人类重大国际问题和地区问题、社会主义核心价值观,将中国现当代文化要义外译与数字化传播紧密相连,加强对外文化交流,开展多层次文明对话。

第三,文化产业研究聚焦于出版产业、广播电视产业、影视产业、动漫产业、广告产业和旅游产业,实现文化产业外宣与数字化融合建构,以期激活中华文化活力。

第一章

翻译活动研究的动力与需求

一、翻译活动研究的内在动力

著名语言学家、翻译家尤金·A.奈达曾说过:"翻译的真正问题不是技术,而是人。"译者作为翻译过程中的主体,其思维模式、翻译动机等深深地影响译作风格与成品质量。然而,当前的翻译研究总是忽视译者的翻译动机。也就是说,大部分的研究只围绕着翻译过程及其结果,没有重视翻译活动为何开始。翻译作为一种跨文化交流活动,具有很强的目的性,而翻译动机会直接影响翻译的选题、过程与质量。

译者的翻译动机作为一种主观因素,参与了翻译作品产生的全过程。具体来说,翻译动机是指作者在翻译前的一系列心理活动,它深刻影响着翻译的过程。翻译前,译者自身的需求等会促使其开始翻译活动。另外,翻译动机也会影响译者对翻译作品的选择。翻译活动进行时,译者的动机会影响翻译策略和方法的选择。许钧在《翻译论(修订本)》中认为译者的动机是所有影响因素中最活跃且具有决定性作用的。[①] 总之,翻译动机对翻译活动的影响贯穿始终,具有不可忽视的重要性。翻译动机有其重要的作用,影响译者

---

① 许钧:《翻译论(修订本)》,译林出版社2014年版。

翻译动机的因素也很多。宋萍指出"译者进行翻译的动机不是单一的，而是错综复杂的"①。尤其在现代社会中，不同的需求使译者的翻译动机受到更多因素的影响，从而呈现多样化态势。根据安德烈·勒菲弗尔（Andre Lefevere）的三要素理论，文学翻译作为一种改写形式存在，是社会中特殊的一个系统。这个特殊的文学系统受制于三重操控因素，而赞助人的力量被视为最重要的影响因素。一方面，从翻译文学系统内部来看，尤其是以译者为代表的各类专业人士时刻控制和影响着整个翻译活动的过程，其中专业人士的翻译动机更具有不可忽视的作用。另一方面，从系统外部来看，翻译与政治、社会、经济等因素密切相关，绝不是孤立的行为。绝大多数译者自身受到外部环境的影响，尤其是受到赞助人这种"可能有助于文学作品的产生和传播，同时又可能妨碍、禁止、毁灭文学作品的力量"②的影响。赞助人在某种程度上决定着翻译活动的走向、翻译文学的发展前途以及译者所处的社会地位。例如，身居清政府官职的严复，即使作为一名翻译家、思想家，在翻译的选材上也受控于赞助人的意识形态，并不能完全随心所欲地选择自己感兴趣的题材。林语堂的一系列翻译作品也是如此，离不开赞助人赛珍珠夫妇的要求和建议。由此看来，随着时代的发展，影响译者的因素在赞助人复杂多变的要求下愈加多样化。"译者在翻译中都不可避免地要处在一个动态的活动场中，他所走的每一步，他所采取的每一个步骤，都不是完全孤立的。"③许钧认为，翻译具有社会性和文化特质，社会因素包括社会发展程度、社会开放程度、社会价值观等方面，直接影响了翻译题材的选择。

20世纪思想家、科学家冯·贝塔朗菲（Von Bertalanffy）提出的"一般系统论"对整体和整体性进行了一系列探索。他以"系统"这一概念为核心，探寻如何更好地处理复杂多变系统的框架和方法。在贝塔朗菲看来，"系统"指任何一个实体中各元素之间相互作用使该系统得以维持，这也就强调了系统

---

① 宋萍：《译者的翻译动机》，《社科纵横》2006年第1期，第156—157页。
② 陈德鸿、张南峰：《西方翻译理论精选》，香港城市大学出版社2000年版，第176页。
③ 许钧：《翻译论（修订本）》，译林出版社2014年版。

各要素之间的不可分割性和整体性。① 正因为"我们所接受的现实是由许多部分组成的片段连缀成的复合体,每一部分都有局部真理意义;每一个不同的透视提供一个不同的观察角度,一种不同的观察方式,但始终是局部的"②。也就是说,系统的整体特征是通过整体与要素、层次、结构及环境的关系体现出来的。因此,在把握事物整体特征时,我们需要把内部要素和外部环境联系起来。基于以上"系统论"的核心观点,影响译者翻译动机的因素可以分为两类:第一,译者的动机必然受个体主观因素的影响,包括内在需要、价值观和审美标准等;第二,翻译动机也会受外部环境影响,包括政府部门、出版社和民间机构等方面。

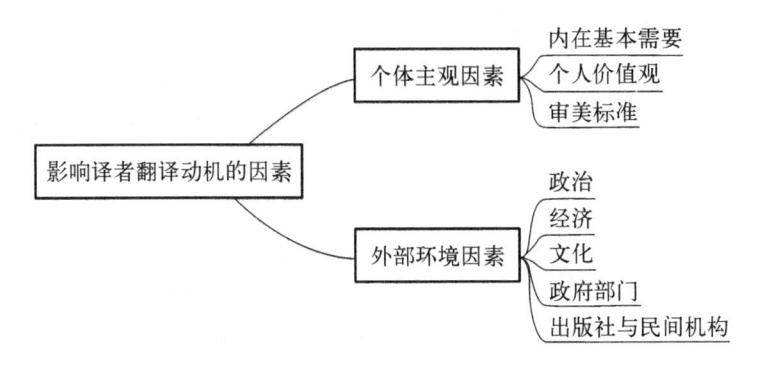

图 1　影响译者翻译动机因素的逻辑关系

1. 个体主观因素

(1) 内在基本需要

研究译者的主观因素,必然离不开对译者心理的研究。人的活动总是在受到某种动机的驱使下形成的,而动机都是出于人的某种需求。根据心理学家马斯洛的理论,人的基本需要主要有七种:生理需要、安全需要、归属与爱的需要、尊重需要、求知需要、审美需要和自我实现的需要。③

---

① [美]冯·贝塔朗菲:《一般系统论:基础、发展和应用》,林康义等译,清华大学出版社1987年版。
② 贝洛:《系统方式:波格丹诺夫和贝塔朗菲》,《哲学译丛》1986年第1期,第32页。
③ [美]A.H.马斯洛:《动机与人格》,许金声、程朝翔译,华夏出版社1987年版,第53页。

首先是生理需要。翻译活动虽然是一种重要的文化活动和精神活动，但是物质决定基础。人只有保证了生理需要，才能够激发其他更高层次的需要，所以生理需要是所有其他需要的基础。不同时代背景下，激发译者进行翻译的生理需求有所变化。在经济水平低下的时期，译者进行翻译活动更多是为了满足温饱。著名翻译家朱生豪之前一直过着非常窘迫的生活。为了摆脱这种窘迫，他欣然接受了他人的翻译邀请，开始了莎士比亚全集的翻译工作。除此之外，林纾也是因为资金匮乏才开始翻译作品的。钱锺书在《林纾的翻译》中说："驱使着退了锋的秃笔，要达到'一时千言'的指标。他对所译的作品不再欣赏，也不再感兴趣，除非是博取稿酬的兴趣"。[①] 改革开放后，中国经济迅速腾飞，呈现出全新的面貌，奋斗目标从基本实现小康社会到全面建成小康社会。这时，满足生理需求的低层次的翻译动机已大大减少。翻译作为一种职业选择和技能，可以帮助译者达到较为富足的生活层次，满足新时代下更高的生理需求。

根据马斯洛的需求层次理论，安全需求属于低层次的需求，包括人身安全、生活稳定以及免遭痛苦、威胁或疾病等。近代中国饱受内忧外患的困扰，战乱动荡，包括翻译家在内的普通百姓生活举步维艰，人身安全受到极大威胁。一大批翻译家，如严复等人希望通过翻译，引进西方先进的思想与理念以开化民智、拯救国家。而在新中国成立以来，尤其是改革开放之后，国家独立富强，和平与发展是当今世界的主题，因此由安全需要驱动的翻译动机也越来越少。

尊重需要也是人的内在需求之一。根据马斯洛的理论，"除了少数病态的人之外，社会上所有的人都有一种对于自身稳定的、牢固不变的、通常较高的评价的需要或欲望，有一种对于自尊、自重和来自他人的尊重的需要或欲望"。中国自古信奉"万般皆下品，唯有读书高"，将知识分子放在较高的位置。成为一名翻译家或是译者，自然也能满足个人被他人尊重的需要。要想从一名普通译者成长为著名翻译家，需要付出大量的时间与精力，大部分翻

---

① 方华文：《20 世纪中国翻译史》，西北大学出版社 2005 年版，第 35 页。

译家在选择题材时也会专注于同一类作品,如,著名翻译家朱生豪,一生专注翻译莎剧。由此看来,译者的尊重需要本身也分为高低,从低到高的追求会成为驱动某种翻译活动的重要因素。改革开放后,良好的国内外环境也为中国译者提供了更好的创作环境,译者的个人安全和生理需要得到了很好的满足,较高层次的需要则更加强烈。例如,俄苏文学翻译家草婴花了近20年的时间以一人之力翻译了《列夫·托尔斯泰小说全集》。这部翻译巨著包括3个长篇、60多个中短篇和自传体小说。最终,草婴凭借该作品获得了包括苏联文学最高奖项"高尔基文学奖"在内的诸多荣誉。除此之外,还有以杨宪益为代表的一批翻译大家,将卷帙浩瀚的中国经典名著翻译成各国语言,向全世界介绍中国的文学作品,如《红楼梦》《鲁迅作品选》等英译本。不同于个人的尊重需要,这些中国文化的译者将尊重需要上升到国家赢得世界尊重的需要,最终他们也得到了国人和世界人民的尊重。

求知需要也是马斯洛提出的内在需求。他认为,精神健康的人都有一个重要特点,就是存有好奇心。人们对神秘的、未知的、不可预测的事物心驰神往,而且学习和发现未知的东西会给他们带来满足和幸福。① 人类文明发展至今,种族、国家和民族之间的文化交流从未停止,语言的鸿沟一直存在。出于求知需要,人们想要更多地了解彼此的文化,翻译活动就此开始。例如,早期的宗教典籍翻译、"五四运动"时期的西学东渐等。求知欲激励着人们不辞辛劳地借鉴外国文化,翻译也成为最重要的活动之一。正如当年的玄奘法师花了19年时间翻译了75部佛经,不远千里前往印度天竺,只为求取真经;清末的中国学者为了民族复兴,翻译了许多西方科学和人文著作;改革开放后,国人对西方先进的理论和科技的需求都更加迫切,从而再一次掀起了翻译热潮。人工智能等一系列先进的技术与知识,通过译者的努力被引入中国,在更大范围内得到传播,并投入研究与应用当中,造福现代社会。由此可见,翻译从某种意义上来说,就是不同语言国家之间相互交流和学习的实践。

---

① [美]弗兰克·戈布尔:《第三思潮——马斯洛心理学》,吕明、陈红雯译,上海译文出版社1987年版,第49页。

满足译多审美的需要是指译者在翻译过程中,既能通过欣赏原作在审美上获得快感,又能在翻译二次创作时获得另一种审美体验。在马斯洛看来,"人需要美正如人的食物需要钙一样,美有助于人变得健康。"①审美活动比较集中的是文学翻译,这是一个带有明显艺术创造特性的过程。首先,译者必须解读原作语言、主体思想以及艺术风格等,从而获得美的感受;其次,译者产出译作的过程也是一种审美体验。正如宋萍所说,"为了获得这种享受,译者在审美体验之后迫不及待地想将美由另一种形式表达出来,自己获得了创造美的喜悦,而读者也得到了欣赏美、品评美的机会"②。良好的社会环境给予了译者更为轻松自由的创作环境。愉悦感和审美体验成为翻译活动更加强大的驱动力。中国著名翻译家许渊冲1956年开始从事翻译出版工作。起初,由于政治运动的干扰,许先生只出版了四本书;而在改革开放之后,尤其是1991年退休之后,他专门从事能够带来高审美体验的文学翻译,现已出版译著70多部,被称为"诗译英法第一人",为中国文学走向世界做出了突出的贡献。由此可见,和平与自由的环境给译者追求审美的需要带来了更大的空间。

自我实现的需要是更为高级的内在需求。马斯洛认为,人有一种想要自己的潜力得以实现的需求,这种需求可以让他成为一个独特的人,一个独特的自己,"一个人能够成为什么,他就必须成为什么,他必须忠实于自己的本性。这一需要我们就可以称为自我实现(self-actualization)的需要"③。在混乱和艰苦的年代,尽管面临着生理需要和安全需要的缺失,仍有许多译者克服种种困难,完成了多部著作的翻译工作,如楼适夷(翻译日本作家芥川龙之介11篇短篇小说)、许渊冲(翻译毛泽东诗词)、杨绛(翻译《堂吉诃德》)以及季羡林(翻译印度史诗《罗摩衍那》)等。不得不说,强烈的自我实现需要是他们坚持翻译的强大动力。在富足与和平的生活环境中,较低层次的需要很容

---

① [美]弗兰克·戈布尔:《第三思潮——马斯洛心理学》,吕明、陈红雯译,上海译文出版社1987年版,第47页。
② 宋萍:《译者的翻译动机》,《社科纵横》2006年第1期,第156—157页。
③ [美]A.H.马斯洛:《动机与人格》,许金声、程朝翔译,华夏出版社1987年版,第53页。

易得到满足,更高层次的自我实现的需要得到发展。追求个性发展,而不是一味地附和权威和大多数人的看法,成为新时代自我实现的需要。在多样化的自我实现需要的驱动下,出现了一大批翻译各类主题和题材的译者。他们不再只选取以家国为中心的严肃话题,而是更倾向于能满足译者自我实现价值的题材,其种类之多、类别之广令人叹服。这些多样化的译作也在深刻影响和满足着读者的自我实现的需要。

通常情况下,人只有在低级需要得到满足后,才会产生高级需要。但在翻译行为上,可能看不到特别明显的层进关系。译者可能会在生理和安全需要还没得到满足时,出于自我实现的需求而进行翻译活动,如上文提到的季羡林、杨绛、许渊冲等人。同时,译者个人的翻译动机绝不止一种,译者往往是在多重复杂的动机驱使之下进行翻译活动的。尤其是在多样化的今天,译者的翻译动机不仅由个人的内在需要驱动,还会受外界各种因素的影响,变得更加复杂化。

(2) 个人价值观

如果说上文提到的个人内在基本需要是翻译行为的驱动力,那么从个人角度出发形成的固有价值观和世界观则是制约和影响译者翻译动机及其行为方式的重要因素。译者的个人价值观决定了为何要翻译,进而影响其翻译行为。从译者角度来说,个人的成长环境和时代环境都对翻译动机和翻译行为有着重要的影响。根据贾斯塔·赫兹·曼塔利(Justa Holz-Mänttäri)的"翻译行为论"和汉斯·J.弗米尔(Hans J. Vermeer)的"目的论",翻译行为由目的驱使,是为完成这一目的而进行的活动,标准就是"达到目的"。在目的原则的支配下,任何文本都是为特定的目的而生成并为之服务的。即便是同一文本,如果所要达到的目的不同,就会产生不同的译本。而每一位译者,自身主观因素尤其是个人价值观都会对其翻译的目的有巨大的影响,进而影响译者的文本选择和译文风格。

价值观受成长环境和时代环境的影响。当国家面临内忧外患的艰难险境时,知识分子想要救亡图强的意愿越发强烈。译者们也用自己的方式,翻译国外先进的理论,希望能够贡献自己的力量。甲午战争战败之时,严复作为一名留学英国的知识分子，深感当权者的腐败。于是，他翻译了《天演论》等西方著作，提出"物竞天择"等理论试图唤醒民众，救国图存。

改革开放提供了一个自由、开放、和平的发展环境，新一批译者的价值观也受其影响，追求自由、个性的价值观普遍存在。译者可以遵从内心追求选择翻译作品。此外，互联网的高速发展使外国书籍的获取成本越来越低，数量也越来越多，为中国译者带来了更多自我提升、发挥兴趣的机会。人们开始追求个性化发展和精神文化世界的提升。除了一些政治经济类的较为严肃的话题，译者也更倾向于选择娱乐性较强、能够满足人民精神文化需求的作品。例如，风靡全世界的《哈利·波特》系列图书就在国内刮起了一阵旋风。由此可见，成长环境和时代环境造成的个人价值观会深刻影响译者的翻译动机，从而影响其翻译行为。

（3）审美标准

我们常常把翻译和美学联系在一起，要做好翻译无法脱离美学。译者和读者的审美都会影响翻译作品的产生。从横向来看，不同译者有不同的审美标准，不同的审美标准会对作品的选择、处理方式等产生巨大影响。从纵向来看，审美标准会随着时代的变化而改变，新的审美标准会带来不同的翻译作品。

译者通常会选择符合自身审美标准的作品，这些作品本身就具有较高的文学审美价值。例如，许多译者会选择翻译莎士比亚的戏剧。这体现了译者对美学的追求。又如，伟大作家米兰·昆德拉的《生命中不能承受之轻》曾得到《华盛顿邮报》的极高评价，也奠定了昆德拉在世界文坛的地位。韩少功先生作为昆德拉《生命中不能承受之轻》的中国译者之一，在谈及翻译经历时曾说过，原作本身很强的艺术感染力是其选择它的主要原因之一。翻译如此高地位的作品，是一种极大的挑战，不仅要反复斟酌用词，还要将原作的深层内涵与艺术价值呈现出来。尤其当昆德拉提出翻译作品也要符合美学要求时，韩少功先生更加费尽心思推敲和修改译本，只求能将原作的艺术感染力和多样化审美标准保留在译作中，并最终完成了精美的中文译作。事实上，译者的审美追求与原作艺术价值的匹配程度，决定了译作能否传达原作的艺术感染力。

审美标准随着时代的变化而改变,而译者个人的审美标准也随之不断变化。在如今审美多样化的时代,译者不再局限于选择经典的大家之作,而更倾向于选择不同审美标准的作品。新时代作品本身的多样性给译者提供了更多选择,也开阔了译者的眼界、丰富了译者的审美表达。在翻译过程中,译者不仅转换了原作的语言,还在译本中传达了自身对作品的审美观。除了原作本身的艺术价值和译者自身审美之外,读者的审美标准也会对译作产生影响。比如,一直畅销的《哈利·波特》系列、《暮光之城》系列的译作,因为满足了大众的审美需求,获得了巨大的社会反响。为了满足更多读者的需求,或是在商业利益的驱动下,有些译者就会考虑作品本身能否吸引读者眼球,是否符合当今的时尚潮流,有些译者会采用当下的流行语来翻译作品,其审美标准的选择基于读者的大众口味。总之,大众读者的审美标准在很大程度上决定了进入翻译市场的作品类别,而译者自身的审美标准又进一步决定了译作的选择和翻译的策略。

2. 机构因素

(1) 政府机构因素

中国翻译活动的发展与政府的发展战略及政策息息相关。不同时代对翻译有着不同的要求,时代的变化也会使译者的翻译标准不断变化。译者选择作品时必然会考虑国家相关政策的引导和激励。

新中国成立初期,中国的翻译研究并未发展成一门独立的学科,缺乏系统的理论和方法指导,关注点集中在实践经验的总结和翻译技巧的探讨上,译作也主要为政治文献和文学作品。[①] 改革开放以来,国际交流日益频繁,经济领域翻译、出版的作品数量剧增。翻译作为一种社会活动,会随着国内政治局势和国际形势的变化而变化。1949年以前,中国的翻译活动有着明显的"散兵游勇"式的个体翻译特征。1949年之后,随着中国进入社会主义改造和社会主义建设时期,翻译开始成为一项有计划、有组织的专业性活动,

---

① 许钧、穆雷:《中国翻译研究:1949—2009》,上海外语教育出版社2009年版。

受到地方和中央有关部门的高度重视。改革开放之后,中国政府大力支持翻译、出版外文书籍和刊物,翻译界也因此开展了一系列译介活动,这对译者的翻译动机也造成了一定的影响。

1951年底,中央人民政府出版总署召开全国第一届翻译工作会议,主要解决翻译工作的管理、规划及提高质量的问题。会议通过了两个文件,题为《关于公私合营翻译书籍的规定草案》和《关于机关团体编译机构工作的规定草案》。但是本次会议没有就翻译理论建设和文学翻译等问题进行充分讨论。因此,在1954年8月18日至25日召开了全国作家协会第一届全国文学翻译工作会。会议总报告是茅盾作的《为发展文学翻译事业和提高翻译质量而奋斗》,这份报告是新中国成立后翻译工作的纲领性文件,总结了"五四运动"以来整个新闻学运动中翻译工作的经验教训,吸取了同时代很多翻译工作者的理论见解。

中华人民共和国成立后,从国际上看,西方列强竭力遏制新生政权并阻挠其他国家与新中国建交,毛泽东提出了"一边倒""另起炉灶"和"打扫干净屋子再请客"三大外交方针,新中国迅速与社会主义国家结盟;从国内来看,百废待兴,新生政权急需肃清反动势力,宣传社会主义和共产主义思想,巩固无产阶级政权。结合国内外政治形势,作为执政党的中国共产党加强了思想控制,即大力宣传社会主义、共产主义思想。新中国成立初期的翻译活动受此影响,在翻译出版机构、译介内容选择、翻译活动组织以及翻译学科建设等方面都体现出明显的意识形态倾向和政治因素影响。

在改革开放时期,政府要求外文出版社、新世界出版社、华语教学出版社、新星出版社、中国画报出版社和人民出版社等多家出版社分工出版外文书刊。[①] 党的十三大后,中宣部和新闻出版署联合发文要求出版单位政企分开;中共十四大明确指出"中国经济体制改革的目标是建立社会主义市场经济体制"后,文化方面也出台了相关政策,促使出版社向企业转型;20世纪中后期,政府为了改善当时的"书荒"现象,组织出版社重印了一些20世纪中期

---

① 黎难秋:《新中国科学翻译60年》,《中国翻译》2010年第1期,第27—32页。

翻译出版的图书；20世纪末，中国在对外译介中国文学方面还有一个引人注目的行为，即1981年由著名翻译家杨宪益主持编辑、组织翻译了"熊猫丛书"（虽然没有达到预期效果）。

党和国家领导人王震1982年在中国翻译工作者协会（简称"中国译协"）成立大会上指出翻译工作对推动科学文化事业发展，尤其是在中国实现四个现代化过程中的重要作用。1983年，杨尚昆出席中国译协第一届理事会全体会议时指出，在多种学科的背景下，在政治、经济、科技、文化等各领域，翻译都至关重要。

20世纪90年代以来，政府又相继推出了多个支持翻译事业发展的举措。于1995年正式启动了中国历史上首次系统、全面地对外译介中国文化典籍的重大出版工程《大中华文库》（汉英对照）工程。入选作品主要为先秦至近代的文学、历史、哲学、经济、军事、科技等领域的经典文本（除个别选题被国外出版机构买走版权外，其余译本并未真正在海外传播）。中国政府积极推行文化"走出去"战略部署，全国上下也积极响应。新闻出版总署在2003年提出，要让新闻出版业"走出去"。特别是党的十七届六中全会对深化文化体制改革、推动社会主义文化大发展、大繁荣做出全面部署，明确提出"组织对外翻译优秀学术成果和文化精品"这一要求之后，中国翻译界面临重大发展机遇，翻译事业蒸蒸向上。

除了制定政策、推出各项战略部署外，中国政府还积极建立相关基金以鼓励并资助翻译活动。2004年，国务院新闻办公室和新闻出版总署启动了"中国图书对外推广计划"，为了使外国读者更好地阅读中华优秀作品，该计划通过翻译费用资助，鼓励国外出版社译介中国图书。"中国图书对外推广计划"工作小组每年都会出版相关推荐图书。2007年，相关资助金额由1 000万元增加到1 300万元。① 为了鼓励国外翻译家及时翻译中国文学最新成果，国家有关部门设立了"现代中国文学域外译介"专项基金和域外译介奖。

---

① 曹胜利、谭学余：《"走出去"存在的问题、机遇和建议》，《出版广角》2008年第9期，第56—57页。

国家社会科学基金也设立了"中华学术外译项目"。

此外,官方机构还与有关学术机构联手开展翻译活动。2010年,北京师范大学成立中国文学海外传播研究中心,与美国俄克拉何马大学孔子学院合作,启动了"中国文学海外传播"工程。由国家新闻出版总署和清华大学等相关机构主办的翻译项目"20世纪中国文学选集"也相继展开。

(2) 出版社及民间机构的影响

在很多情况下,译者的翻译活动并非完全由自身需求出发,而是受各种机构的委托。因此,出版社等委托机构的理念和宗旨对译者的翻译动机有着较大的指导作用。

新中国成立以来,中国翻译事业蓬勃发展,持续迸发新的活力。除了优秀的翻译作品不断呈现,翻译机构、组织也相继建立,学术交流活动日益增强。1949年11月13日,上海市翻译工作者协会建立,它旨在建设翻译人才队伍、促进翻译研究发展、提高翻译作品质量,对之后武汉、南京、天津等地翻译组织的成立和发展也起到了引领作用。这一时期,翻译工作会议也频繁召开,其中两次重要的大会分别为1951年12月由中央人民政府出版总署编译局主办的第一届全国翻译工作会议和1954年8月中国作家协会举办的全国文学翻译工作会议,会议围绕提高翻译质量、工作监管、体制建设等方面展开讨论,有力地推进了中国翻译事业的发展。[1]

改革开放初期,对于国内翻译界最为振奋的代表事件当为1982年中国翻译协会(原名"中国翻译工作者协会")的成立。改革开放后,越来越多的翻译出版机构着力建设翻译学科,鼓励翻译事业的发展,并开始有计划、有组织地出版大型丛书和作家作品集等。到1989年末,中国大陆翻译出版海外文学的出版社迅速达到40多家。[2] 中国出版社纷纷走出国门,在其他国家设立分部,并与国外出版社联手创办学术期刊,如高等教育出版社和美国施普林格出版社联合推出英文版季刊《中国文学研究前沿》;中国国际书店分别在

---

[1] 许钧、穆雷:《中国翻译研究:1949—2009》,上海外语教育出版社2009年版。
[2] 叶水夫:《大陆改革开放时期的外国文学翻译工作》,《中国翻译》1993年第1期,第2—5页。

美国和英国开设了"常青图书(美国)有限公司"和"常青图书(英国)有限公司";1973年,香港中文大学主办《译丛》(稿源来自北美及欧洲汉学界,经费来自基金会和学术机构),其宗旨是将两千多年来优秀的中华民族文学作品译介给西方读者;2011年后,人民文学杂志社推出英文版 *Pathlight*(《路灯》),以"将中国当代最优秀的小说和诗歌译介出去"为宗旨。

1978年以来,中美各领域交流不断加深,文化交流也更为频繁。美国一些出版社开始对中国文学投入更多的目光,出版了不少中国文学作品。少数中国经典或著名的小说因为作者在国际舞台上崭露头角而被国外大型出版机构翻译出版(如企鹅出版社近年来加大了中国文学的出版力度,选择作品时非常强调读者市场的趣味)。① 姜戎的《狼图腾》在2005年被英国企鹅出版公司购买了全球英文版权,随后由著名翻译家葛浩文翻译成题为 *Wolf Totem: A Novel* 的英译本。

翻译活动也在部分国内高等院校得到了高质量的发展。中国人民大学在2008年启动"国剧海外传播工程",其中包括"百部国剧英译工程""国剧口述历史编纂整理工程""京剧中国"有声普及读本等系列子项目。1979年,北京外国语学院创办了联合国译员培训班,该校还在2012年建立了中国文化"走出去"协同创新中心,和国内其他组织合作开展中国文化"走出去"战略研究。

群众性的学术团体也在新时期翻译活动中起到了重要的推动作用。一方面,出于共同的价值追求,大量的专家、学者聚到一起开始进行该领域的研究。除此之外,一些学术团体和组织也开始有计划、有目的地开展相关的学术活动,大力推动翻译研究活动的发展。1984年起,中国译协开始举办各类翻译会议,和各地译协组织、翻译人员承接了许多重大工程项目的翻译工作。民间知识分子主办的英译文学刊物 *Chutzpah!*(《天南》)也是其中的重要代表。

综上所述,政治、经济、文化、社会等各层面的发展都对中国翻译活动起

---

① 崔艳秋:《八十年代以来中国现当代小说在美国的译介与传播》,博士学位论文,吉林大学,2014年。

到了一定的推动作用。这些外部因素与译者个人因素相互作用,最终影响了译者的翻译动机、选题和翻译过程及译作质量。

二、翻译活动研究的外在需求

翻译是一种社会性质的活动,对翻译活动的研究,不能只重视文本,也应重视翻译活动的环境因素。翻译的生命力在于与文化和社会条件的密切关系,正是在文化和社会条件下,翻译被生产和阅读的。

翻译具有天然的社会性。翻译活动的发展与人类社会的建构密不可分,是"多种因素交互作用的结果,分析某一翻译文本的生成过程不能脱离社会历史条件,如当时的社会发展阶段、文化思潮、意识形态等,这已成为当今翻译研究的共识"[1]。近年来,国际译坛展开了一系列社会语言学层面的研究,对翻译活动进行全方位剖析,不仅揭示了其作为一种语言活动的信息转换过程,而且从社会层面研究了翻译活动过程,深入探讨了翻译活动的社会属性及其背后隐藏的社会运行机制。如让·皮特斯(Jean Pieterse)在让·加涅班(Jean Gagnebin)"介入理论"的基础上,把翻译理论放置于社会整体环境中,认为翻译并非一种自足的行为,涉及社会环境的诸多方面。皮特斯进一步指出,传统语言学认为语言行为对语言功能的划分主要以音素、音节、词、句法功能为依据。这种方法过于笼统且不完全科学,因为并未注意到语言表达者及他所使用语言的社会性因素,而正如社会学家所阐述的那样,不同个体由于年龄、职业和社会地位的差异,其翻译行为也有所差别。同理,不同社会的经济基础、政治环境、文化传统对翻译行业发展、译介出版选材以及微观上译者表达方式和策略选择等均会带来不同程度的影响。[2]

由此可见,翻译活动与社会环境始终存在着某种联系,我们要对翻译活动进行研究,就必须把握翻译活动的社会属性,将翻译活动看成基于特定社

---

[1] 吕世生:《严复"信达雅"与"非正法"翻译的社会历史统一性解读》,《外国语》2017年第3期,第72—77页。

[2] 俞佳乐:《翻译的社会性研究》,上海译文出版社2006年版。

会背景的价值创造,并在此基础上分析翻译活动的外在社会需求。具体而言,翻译活动的外在环境需求主要包括经济发展需求、政治环境需求、法律体系需求以及社会文化需求等。这些社会环境要素通过作用于翻译活动的组织机构、译介方向、主题内容等为翻译活动研究提供动力和发展方向,影响翻译活动研究的选题和趋势。

(一) 经济发展需求

翻译作为一种社会活动,必须为社会主义建设服务,必须与社会经济需求和时代发展紧密结合。随着社会经济发展日益加快、各国经贸往来日益频繁,中国翻译活动在产业规模、人才培养、对外宣介等方面呈现出百花齐放、百家争鸣的蓬勃发展态势。同时,翻译实践的变化推动翻译活动研究的转向,影响翻译活动研究的理论视域、发展方向及研究方法等,拓展了翻译活动研究的问题领域,丰富了研究方法,更全面地揭示翻译活动的本质和规律。

改革开放初期,大力发展经济和实现社会主义现代化是中国政府追求的主要目标。作为一个发展中国家,借鉴西方发达国家的经验,利用外资发展中国经济是必然选择。而与其他国家进行经济交流与合作,必然需要借助翻译这一媒介。因此,美国、英国、法国、德国、日本等国家成为中国翻译界引介外国文本的主要来源国。同时,经济的发展使得国家经贸、文化往来更加密切,也促进了中国翻译服务市场的繁荣与发展。进入新世纪,中国的经济实力不断增强,由原来对外国投资的"引进来"逐步发展为中国企业"走出去",翻译活动进入全面开放时期。以翻译产业为例,近年来,随着经济全球化的持续深入,信息交流需求不断增强,中国的语言服务业迅速发展,中国翻译市场从以输入型为主转变为以输出型为主,[①]翻译服务产业呈现良好的发展态势。主要体现在以下三个方面:产值高速增长、翻译企业数量持续增多以及翻译从业人员显著增加。中国翻译协会和中国翻译行业发展战略研究院公

---

① 黄友义:《服务改革开放40年,翻译实践和翻译教育迎来转型发展的新时代》,《中国翻译》2018年第3期,第5—8页。

布的《2018中国语言服务行业发展报告》指出,截至2017年,中国语言服务企业总产值为359.3亿元,同比增长10%,其中,多数受访语言服务企业的主要业务是中译外,占比为45.5%,其次是外译中,占38.9%和外译外,占15.5%(不含港、澳、台地区)。① 可见,中国语言服务作为改革开放和推进全球化的"先导"行业,从无到有、从小到大,呈现出全球化、产业化、信息化的发展趋势,逐步展现出自身的战略价值。此外,在国家"走出去"战略和"一带一路"倡议的背景下,中国翻译市场总体需求持续增长,翻译服务产业获得了更多的市场机会,呈现出全球化、产业化、信息化的发展趋势。中国翻译服务产业的繁荣也引起了学者们的广泛关注,拓展了中国翻译研究的理论视域,引导了研究发展的方向,丰富了研究方法,提高了翻译活动研究的全面性、多样性、系统性和批判性,为发展翻译教育、培养翻译行业人才和学术研究人才、提升翻译学学科地位打下了坚实基础。

总之,随着中国经济对外开放步伐不断加快,中国翻译活动从初始引进和借鉴现当代西方译著,到加强国内外学术思想交流与反思,学习翻译活动研究方法,再到关注理论话语体系建设,注重跨学科综合创新,相关人士一直致力于翻译学科建设、学术研究与行业实践的同建共构,不断改善学科环境,发展翻译教育,培养适应经济发展需求的翻译行业人才和学术研究队伍,探索一条具有中国特色的"开放、合作、互动、创新"的翻译活动研究之路。

(二) 政治环境需求

政治环境是指一个国家或地区在一定时期内的政治大背景,主要包括外部政治形势、社会制度、国家方针政策等。不同的国家有着不同的社会制度,不同的社会制度对翻译活动有着不同的限制或要求。同时,在不同的历史时期,方针、政策的变化,也会对翻译活动产生一定的影响。回顾新中国成立70多年以来中国翻译活动的理念和践行,可以看到,政治环境对翻译的学科

---

① 中国翻译协会:《2018中国语言服务行业发展报告》,2018年,http://www.tac-online.org.cn/index.php? m=content&c=index&a=show&catid=395&id=3416。

建构、组织结构、发展模式、译介主题等方面均产生了重要影响。

翻译学科建设始于20世纪70年代末,与中国改革开放的时间基本一致。改革开放不仅打开了国门,也打开了翻译学者的国际视野,使中国的翻译学科获得了更为广阔的发展空间。党的十一届三中全会使中国人开始自觉地认识现代化。一系列正确的路线、方针、政策的制定,重新开启了社会主义现代化建设机制,明确了中国社会主义现代化建设的紧迫性,全面开创了实现社会主义现代化的新局面。中国翻译学的学科建设大致经历了三个阶段,即理论与学科意识的萌芽期(20世纪70年代末至21世纪初)、学科体制的建设期(21世纪初至2015年)和学科理论的建设期(2015年至今)。国内学者在改革开放后接触到国际译学领域对翻译学的定义和观点后,开始讨论理论建设的必要性和学科建设的重要性。21世纪初大家基本形成共识,认为有必要设立翻译学这个学科,学科建设进入体制建设期。2004年,上海外国语大学自主设置了第一个翻译学二级学科学位点,并于2005年开始招生;2006年,教育部批准招收翻译本科;2007年,国务院学位委员会批准设置翻译硕士专业学位;全国翻译硕士专业学位教育指导委员会于2015年完成对2011年之前获得翻译硕士专业学位授权的159所院校的专项评估。至此,翻译学的学科建设在体制上基本完成初创阶段,搭建起本硕博较为完整的人才培养教育体系。

在译介出版方面,改革开放政策的实施,拉开了中西文化交流的序幕。外文局在《建国以来外文书刊出版发行事业的十条基本经验》中要求:"必须清除以'推动世界革命'为目的的'左'的指导方针所带来的严重后果,坚决贯彻'真实地、丰富多彩地、生动活泼地、尽可能及时地宣传新中国'的指导方针,但也要注意防止忽视政治宣传的倾向。"[①]中国翻译界开始注重向外介绍中国当代社会现状、传播中国文学作品价值,但对意识形态和官方政治思想的宣传也并未放松。该时期的译作一方面逐渐摆脱以政治宣传为唯一目的和革命题材独占鳌头的状况,不同文学流派、题材,具有时代批判性和反思性

---

① 王颖冲:《中文小说译介渠道探析》,《外语与外语教学》2014年第2期,第79—85页。

的作品均有译本,如宗璞的《弦上的梦》、王蒙的《蝴蝶》、蒋子龙的《赤橙黄绿青蓝紫》、程乃姗的《蓝屋》、古华的《芙蓉镇》、谌容的《人到中年》等。这些作品摆脱了革命话语的窠臼,跳出文学说教的简单范式,描述了抗战以来各时期农民、知识分子和普通民众的具体生活状态和他们所面对的种种社会现实问题,对当时的中国社会和民众展开了较为真实、生动又鞭辟入里的文学叙事,其中不乏对时代的批判和反思。虽然这一部分被译介的作品数量不多,但展示了向外传播多元中国的积极姿态。另一方面,宣传抗日战争、解放战争、新中国成立初期政治、社会的主题依然是该时期的主流。如浩然的《金光大道》、周而复的《白求恩大夫》、孙犁的《风云初记》《荷花淀》《孙犁小说选》、丁玲的《太阳照在桑干河上》等。

在发展模式方面,中国翻译活动逐渐由国家机构主导的组织化翻译生产模式走向更开放、自主和多元的"借帆出海"模式,国家形象的建构也从自我想象与预设的视野向与他者视野兼容并蓄转变。与此同时,建设"丝绸之路经济带"和"21世纪海上丝绸之路"已成为国家新的重要发展方向。翻译活动作为中国企业、中国文化"走出去"的桥梁,如何做好战略部署和组织规划,响应国家发展要求,满足"一带一路"建设需求,是当前翻译活动不容忽视的一个重要课题。

(三) 法律系统需求

法律是一种借由社会组织力量调节社会关系、规范他人行为的制度。与"法/法律"密切相关的中文表达包括"约""律""令""格""式""典""规章""规定""章程",以及"编""条""款""项""目"等,与"law"密切相关的英文表达则有"order""rule""norm""code""act""provision""discipline""regulation""stipulation""article"乃至"ethics"等。这些概念大致相似,但在不同国家、不同法律制度、不同历史阶段以及不同适用语境表达却大有不同。关于法律的本质,从宏观上讲,一个国家或政府制订法律条文的主要目的是实现某种司法或治国理念。无论立法、执法抑或司法,目的皆如此。从微观上讲,法律文本的制定在许多情况下是为了传意,即把统治者或法律文本制作人的意旨或意图传达给有关人士,让民众知法守法,让当事人明白在一定的法律框架或条件下,他的权利、利益和为了享受这些权益需要承担的责任和义务,以及没有尽到有关责任和义务时的后果或处罚。① 何为法律系统呢？法律系统是把法律上层建筑作为一个系统来把握,指一国或一地区的处于有机联系、相互依赖和相互作用之中的全部法律现象的总和。② 对翻译活动而言,法律系统需求主要指与翻译相关的一系列法律法规和政府系统中能够约束和影响翻译活动的行政性安排。

依法治国是中国共产党领导人民、治理国家的基本方略,是发展社会主义市场经济、扩大对外开放的客观需要,也是建设中国特色社会主义文化、实现国家长治久安的必要保障。全球化背景下,国家间的博弈从单一的"硬实力"向多元的"软实力"方向发展,以语言为载体的话语权成为大国竞争的又一焦点,而翻译活动作为一种跨文化的交际活动,在中国对外交流和输出方面扮演着不可替代的角色,是向世界展示和传播中国"软实力"的重要桥梁。然而,当前中国翻译法律体系并不完善,涉及翻译的规定仅散见于诉讼法中的某些条款,直接涉及翻译的语言立法尚属空白。无论是翻译公司、翻译协会、资格认证考试职业教育等方面的发展均出现许多严峻的问题,无法有效利用社会及人才资源,拖慢了翻译行业健康发展的步伐。随着依法治国战略的推进,翻译活动必须遵循法律建设要求,促进翻译行业、翻译人才培养等从"无序市场"向"依法治理"转变,实现翻译活动由"自律"向"他律"的转变。

值得注意的是,目前仅有3部由国家市场监督管理总局颁布的国家级翻译标准：《翻译服务规范第1部分：笔译》(2003)、《翻译服务译文质量要求》(2005)、《翻译服务规范第2部分：口译》(2006)。2016年,中国翻译协会发布了首部团体标准《翻译服务——笔译服务要求》及《本地化翻译和文档排版质量评估规范》。不过,这些只是指导性的参照标准,并非强制性的法律规定

---

① 李克兴:《论法律文本的静态对等翻译》,《外语教学与研究》2010年第1期,第59—65页。
② 孙国华主编:《中华法学大辞典(法理学卷)》,中国检察出版社1997年版,第126页。

或行政管理标准。因此,如何建立翻译秩序,构建科学化和立体化的翻译法治体系,促进翻译活动的健康发展是国家战略需求中亟待解决的理论和实践问题。探索中国改革开放进程中的翻译法规问题,明确立法调整的对象、范围及重点,可以推进翻译行业的法制化建设,实现翻译服务的规范化,有助于社会主义文化强国战略的实施,实现"良法善治"。

(四) 社会文化需求

社会文化从广义上来说是人类社会历史实践过程中所创造的物质财富和精神财富的总和[①],归结起来就是人类社会历史实践过程中所创造的全部精神活动及其产品,具体包括人类的历史、地理、语言、传统习俗、生活方式、文学艺术、思维方式、价值观念、审美情趣等。狭义上的文化是指社会的意识形态,以及与其相适应的文化制度和组织机构。[②] 可见,语言本身就是社会文化的组成部分,其演变、使用和表达方式必然受社会文化环境的影响和制约。狭义的文化往往将翻译作为不同语言间的转化活动,对翻译活动的研究只停留于信息转换层面,未对其中的文化构成进行分析和研究。如果把翻译比作一条连结世界各地的大河,那么文化则是河流的源头以及不断注入的活水,研究翻译活动而不研究文化,就只能看到这条河的表征形态,难以看清它的本质和规律。事实上,任何国家、社会都有自己的社会文化传统,并随着社会物质生产的发展变化而不断演变。翻译作为传播媒介,具有文化和传播双重性质,是文化间的对话,是源语文化在译语文化中传播的过程。翻译本身既是文化,又是一种传播行为,还是一个传播过程。翻译活动的成功与否,不仅象征着一个国家的文化输出能力与传播能力,更关乎一个国家的政治、文化立场及其在国际舞台上的发言权和影响力。因此,翻译要为社会服务,促进社会发展,就必须符合不同社会文化传统,尊重世界文化多样性发展需求,在此基础上弘扬我们的民族文化,将中国文化的深厚底蕴发

[①] 周方珠:《翻译多元论》,中国对外翻译出版公司2004年版。
[②] 包惠南:《文化语境与语言翻译》,中国对外翻译出版公司2001年版。

扬光大。

  在全球化时代，信息传播与大众传媒的崛起使全球化与文化全球化休戚与共。翻译无疑是跨文化的信息传播，同时也是信息跨文化传播的必备工具与渠道。因而在全球语境下的翻译活动研究必须摆脱狭窄的语言文字层面的束缚，将其置于文化全球化的跨文化语境之中。何况，翻译不仅是一项语言活动，也是一项社会文化活动，因此社会文化环境就会对翻译活动产生各种各样的影响。因而研究翻译活动本身也就成为一个跨文化的问题，尤其涉及多种社会文化互动关系的比较研究。翻译活动研究的兴衰无疑也与社会文化研究的地位高低有着密切的关系。从宏观层面而言，社会文化对翻译活动的影响主要表现为意识形态对翻译活动的影响。新中国成立以来的翻译史，也是一部生动的人类社会文化传播交流与发展史。深入考察，我们不难发现隐藏在翻译活动背后个人的世界观、价值观等文化意识形态对翻译的影响。例如，翻译文本的选择往往要取决于译语的意识形态，即原文所传达的意识形态上的信息需要符合或基本符合译语意识形态的要求。文本的选择是翻译活动的开始，安德烈·勒弗非尔指出，意识形态从这一刻起就如影随形地"操控"着翻译活动，包括翻译形式和题材的选择等。[1] 1978 年以前，不少翻译家，如鲁迅、茅盾、冰心等对波兰、匈牙利、爱尔兰、西班牙、印度、俄国等当时被视为"被压迫"的弱小民族的作品翻译较多，而对英、美国家作品基本不译或甚少译介。[2] 改革开放以后，中国积极引进和译介具有影响力的海外优秀作品或理论著作，组织出版了《现代西方学术文库》和《汉译世界学术名著丛书》等，积极汲取国外思想文化精华，扩大文化积累，使中国学术译著更具规模、更系统。21 世纪，中国翻译界与出版业开始主动发出自身文化传统的声音，不仅深入西学之堂奥，基于自身提出对西学的理解，而且开始强调中华文明对于世界文明的独特贡献。

---

[1] Andre Lefevere, *Translation, Rewriting and the Manipulation of Literary Fame*, London: Routledge, 1992.
[2] 王友贵：《意识形态与 20 世纪中国翻译文学史（1899—1979）》，《中国翻译》2003 年第 5 期，第 13—17 页。

从中、微观层面来看，文化对翻译活动的影响主要体现在翻译策略的选择上，即归化与异化。翻译的归化和异化是1995年由美籍意大利学者劳伦斯·韦努蒂(Lawrence Venuti)在《译者的隐身》一书中提出的，韦努蒂考察了从17世纪至今的西方翻译状况，发现在英美文化中外国文学的翻译通常采用归化的翻译策略，即符合目的语的语言习惯和传统文化，使译作更像是译语的原创作品，不见翻译痕迹，译者隐而不见。① 异化则是指在语言形式和文化内涵上更倾向于源语的翻译策略，也就是尽量移用源语中的语言形式、习惯和文化传统，在译文中突出源语的"异国情调"。异化论者认为，形之不存，神将焉附？原文的思想包裹在原文的语言表达形式中，只有把原文的语言表达形式搬到译语中来，才能忠实地传达原文的思想，达到翻译的目的。例如，对 Gong With the Wind(《飘》)中人名的翻译有两种。黄怀仁、朱攸若采用异化法，将 Scarlett O'Hara 译为斯卡佳利特·奥哈拉，Red Butler 译为雷特·巴特勒，Ashley Wilkes 译为阿什礼·威尔克斯，让名字听起来更具"洋味"；但傅东华先生则更多地考虑了中国读者的接受力，采用归化法，有意将人名、地名译得颇具中国特色，将 Scarlett O'Hara 译作郝思佳，Red Butler 为白瑞德，Ashley Wilkes 译作卫希礼等。又如美国电影 Waterloo Bridge，若将片名译为"滑铁卢桥"，观众会认为这是一部与拿破仑有关的战争片或与该建筑有关的纪录片，但实际上这是一部感人至深的爱情片。所以译者译成了"魂断蓝桥"，这样就避开了中国观众由于地域文化差异、历史背景知识缺乏而引起的迷惑，而且"蓝桥"更容易让人联想到"鹊桥相会"之类的爱情故事。这便是典型的文化归化翻译手法。

在全球化时代，信息更新加剧，不同语言文化背景的民族之间的交往日益频繁，语言成为人际沟通最重要的媒介。翻译活动将在全球化时代发挥更广泛、重要的作用。而研究翻译活动，重视翻译活动，促进不同文化的交流、借鉴与融合，应是社会各界和翻译工作者矢志不渝的任务。

---

① Lawrence Venuti, *The Translator's Invisibility*, London & New York: Routledge, 1995.

三、新时代翻译活动研究的需求转向

在党的十九大上,习近平总书记指出:"经过长期努力,中国特色社会主义进入了新时代,这是中国发展新的历史方位"①。中国特色社会主义进入新时代,意味着中华民族迎来了实现伟大复兴的光明前景,开启了全面建设社会主义现代化国家的新征程;也意味着中国特色社会主义道路、理论、制度、文化不断发展,中国日益走近世界舞台中央,为解决构建人类命运共同体贡献中国智慧和中国方案。步入新时代,站在新起点,中国坚持对外开放基本国策,坚持打开国门搞建设,推动建设开放型世界经济,积极促进"一带一路"国际合作,努力实现政策沟通、设施联通、贸易畅通、资金融通、民心相通,打造国际合作新平台,增添共同发展新动力。

在这个国际化、信息化、多元化的新时代,中国的翻译活动发生了显著变化。人们的互动需求不断增强,跨国交流日益频繁,作为跨种族、跨国界沟通的重要媒介,翻译的重要性不断凸显,对于翻译的需求也更加多元。翻译活动正在发生巨变,谢天振对此做了恰当的概括:一是翻译活动的主流对象发生了变化;二是翻译活动的方式发生了变化;三是翻译的工具、手段发生了变化;四是翻译的方向增添了一个新的维度;五是翻译的内涵和外延获得了极大的丰富和拓展,翻译活动已经进入一个崭新的时代。② 在新时代背景下,翻译活动研究需要适应哪些新需求,承担哪些新使命,采用何种策略,才能帮助我们及时向世界传播我们的政治理念、文化主张,贡献中国智慧、提供中国方案,塑造中国在国际上负责任、有担当的大国形象?

笔者认为,我们必须关注新时代语境下翻译活动面临的时代需求,重视翻译活动正在发生的变化,对翻译研究的既有内容重新审视与界定,对陈旧

---

① 习近平:《决胜全面建成小康社会夺取新时代中国特色社会主义伟大胜利——在中国共产党第十九次全国代表大会上的报告》,人民出版社 2017 年版。
② 谢天振:《翻译巨变与翻译的重新定位与定义——从 2015 年国际翻译日主题谈起》,《东方翻译》2015 年第 6 期,第 4—8 页。

僵化、不符合时代发展特点的翻译观和翻译研究理念进行调整,拓展翻译认识的维度,深化翻译理论研究,促进翻译活动及其研究的良性发展。

具体来说,新时代背景下,中国翻译活动研究面临的需求主要包括以下三个方面:

(一)经济建设需求

长期以来,人们一直把翻译当作一种文化媒介,却"忽视了翻译也是一种经济行为"。[①] 其经济性主要表现在翻译作品的选择过程、翻译作品的生产过程、译品流通和销售过程中。简而言之,即翻译活动的商业化或产业化。在经济全球化的推动下,各国间经济交流达到前所未有的高度,跨国公司纷至沓来,国内的企业也不断走向国际市场。与此相呼应,经济全球化伴随着文化、科技等领域的全球化、一体化,文化与经济、科技相互交融,国与国之间多层次、全方位的交流日益频繁,对翻译活动的需求空前高涨。当下社会经济生活的各领域都几乎离不开翻译服务,翻译服务已成为一种商品及投资对象,并迅速发展成一个智力要素密集度高、产出附加值高、资源消耗少、环境污染少的具有现代服务业特征的新型服务业——翻译产业。随着中国综合国力的增强,文化输出、劳务输出、对外工程承包和外经项目日益增多,翻译产业特别是中译外产业参与社会经济发展的深度和广度不断扩大,国家标准的制定和贯彻执行促进了翻译服务市场和翻译产业的规范化。翻译产业已成为中国经济建设最具活力的增长点之一,是中国全球化经济的基础性支撑产业。

在百年未有之大变局和"一带一路"建设的新时代背景下,中国翻译工作者要充分认识发展翻译产业的必要性和重要性、充分认识翻译产业的内涵和外延、充分认识翻译产业发展的关键因素和主要路径。首先,发展翻译产业是时代进步的需求,是经济社会发展的需求,是市场需求和翻译行业自身发展催生的结果。其次,翻译作为一个新界定的产业,属于服务业范畴里的文

---

① 许建忠:《翻译经济学》,国防工业出版社2014年版。

化产业,研究既要着眼于经济学领域,也要着眼于提供公共文化产品的公共事业范畴。最后,产业的发展成熟是一个漫长积累甚至反复的过程,要有耐心面对起始阶段出现的诸多问题。既要审慎规避,也要包容、理解和扶持,积极营造推动翻译事业和翻译市场健康发展的良好氛围和社会环境,引导翻译产业走规模化发展道路,为社会主义经济建设做出贡献。

(二) 文化传播需求

随着中国经济力量和国际地位的上升,中国文化"走出去"的重要性愈显突出。翻译活动承载着传播中国文化、塑造国家形象、服务国家政治和经济目标的重要使命。许钧曾指出,"时至今日,一个国家内部的发展与国际地位的奠定很大程度上要依赖文化软实力,而文化软实力无论输入与输出,在我们看来首先是一个翻译问题"[①]。在中国近代的历史语境下,翻译曾是推动社会进步的主力军,进步知识分子将西方的科学、民主、自由与共和的观念引入中国,并希望以这些先进的观念推动当时中国的改革、革命与民族救亡运动。在如今全球化一体化的背景下,翻译更应成为推动中国文化"走出去"、扩大中国国际影响力的"软实力"。翻译的功能不能囿于语际转换,而要成为中国文化"走出去"的主要途径。

近年来,中国文化"走出去"取得了巨大成就。陈忠实的《白鹿原》、姜戎的《狼图腾》、莫言的《生死疲劳》、刘慈欣的《三体》等优秀文学作品先后被翻译成多种语言,受到了海外读者的青睐。但是,我们也要清醒地看到,与中国悠久的历史文化"存量"和改革开放后社会进步的新"增量"相比,与国际传播迅速变化的形势和我们的巨大投入相比,"文化中国"的形象建构和国际传播事业远没有达到设定的理想状态。对此,我们应客观冷静地分析中国文化"走出去"的现实困境,努力探索新时代中国文化"走出去"的实践进路。

在以往的翻译活动中,基于强烈的民族自豪感和丰厚的历史底蕴,我们

---

① 许钧:《翻译研究之用及其可能的出路》,《中国翻译》2012年第33卷第1期,第5—12、122页。

在展示历史遗产和文化传统方面不遗余力,却忽视了对当代中国人现实生活和精神风貌的展示,特别是对改革开放以来当代中国的巨大成就的展示。追溯源头、慎终追远固然是必须的,观照现实、阐释当代则更为重要,否则人们将很难理解中国悠久历史文化的现代活力。因此,中国翻译工作者应是关注当代中国的变化与发展,以创新的观念和策略向全世界展示中国文化的博大性、包容性和当代性,提升新事物、新变化在中国文化"走出去"中的权重。

(三) 翻译人才培养需求

随着市场分工的多元化、精细化和专业化发展,社会对高素质翻译人才的需求越来越大,要求也越来越高。对社会需求的客观分析,有助于我们把握新时代社会对译者素养的需求,为培养翻译人才提供现实依据,及时调整人才培养方案,探索本土化的翻译人才培养模式,为社会输送专业素养高、实践能力强、家国情怀浓、国际视野宽的翻译人才。

2006年初,教育部下发《关于公布2005年度教育部备案或批准设置的高等学校本科专业结果的通知》设置翻译专业。翻译在中国首次作为一门专业学科被列入教育部专业目录并被批准招收本科生。从语言学、应用语言学中独立出来,成为一门新兴学科,象征着中国翻译专业学科建设的新发展。[①] 2007年,国务院学位委员会批准设立翻译硕士专业学位(MTI)。至此,中国已建立了涵盖本科生、硕士生、专业硕士生和博士生的完整翻译人才培养体系。然而,在中国译协开展的翻译产业调研中显示,有67.7%的受调查企业认为目前语言服务行业最缺乏的是人才培养,尤其是缺乏高素质翻译人才培养。这已成为中国文化"走出去"的瓶颈,直接影响中国对外传播发展战略。[②]

对此,高等学校外语专业教学指导委员会制定的《关于外语专业面向21

[①] 庄智象:《关于我国翻译专业建设的几点思考》,《外语界》2007年第3期,第14—33页。
[②] 郭晓勇:《中国语言服务行业发展状况、问题及对策[EB/OL]》,2010年,http://www.tac-online.org.cn/ch/tran/2010/09/28/content_3746251.htm。

世纪本科教育改革的若干意见》(简称《意见》)指出,从根本上来讲,外语是一种技能、载体,只有当外语与某一被载体相结合,才能形成专业。过去常见的是外语与文学、外语与语言学的结合,但我们也应当清醒地面对这一现实,即中国每年仅需要少量外语与文学、外语与语言学相结合的专业人才,而大量需要的则是外语与其他相关学科,如外交、经贸、法律、新闻等相结合的复合型人才。培养这种复合型的外语专业人才既是社会主义市场经济对外语专业教育提出的要求,也是新时代的要求。为此,我们要高度重视对高素质、复合型紧缺翻译人才的培养,建立连接行业协会、高等院校和用人单位的产学研模式,从师资培训、课程体系建设、实习实践和就业等方面进一步完善翻译专业教育体系,培养不仅有良好语言功底,同时政治素质、业务素质过硬,文化知识广博、专业技能和应用能力强的复合型翻译人才队伍。

我们应该看到,在新时代语境下,社会对翻译人才的需求呈多元化态势。只掌握基本知识和基本技能的"纯翻译人才"已无法满足社会的需求,经济建设和时代发展需要口径宽、适应性强、应用能力突出的复合型人才。因此,培养复合型翻译人才是翻译专业发展的要求,是翻译专业人才培养模式构建与改革的方向。

第二章

翻译活动研究的社会学理论基础

从中华人民共和国成立至今,翻译作为文化间交流的手段、信息转换的媒介和交际的方式,其在各领域发挥着至关重要的作用。"我国的翻译研究和翻译学科建设工作也随着翻译事业的不断发展和日益繁荣,在不懈的探索中前进,在努力的建设中发展,取得了令人瞩目的成就。"[①]中国翻译研究走的是一条"开放、探索、互动、创新"之路,大概经历了以下六个阶段:

表1 中国翻译研究阶段

时间(年)	时代社会特征	翻译研究特点	主流研究模式	主流中西方翻译理论
1949—1965	新中国成立初期,经济形势严峻,物质基础薄弱,社会各领域百废待兴	重点关注翻译实践中遇到的问题,理论研究的深度和广度不够	文本语言翻译	"四论":茅盾的"意境论"、傅雷的"神似说"、钱锺书的"化境说"和焦菊隐的"整体论"等
1966—1977	"文化大革命"对党、国家和人民造成了极大的损失和灾难	内容和形式受到主流意识形态的严格控制,翻译研究停滞不前	文本语言翻译	
1978—1989	思想逐步成熟,经济开始复苏	对国外翻译理论引进及评述	语言学视角	奈达对等理论引进

---

① 许钧、穆雷:《中国翻译研究:1949—2009》,上海外语教育出版社2009年版。

续 表

时间（年）	时代社会特征	翻译研究特点	主流研究模式	主流中西方翻译理论
1990—2000	经济快速发展，思想、文化逐渐多元化	国内外翻译理论梳理研究和口译研究逐渐增多	文化视角	系统功能语言学、功能对等、目的论
2000—2012	"奥运"经济效益等促进中国对外交流及发展逐渐加强	覆盖面广、更加开放、翻译史研究发展迅速	文化视角、社会学视角	语境、话语分析、描述性翻译 DTS，"文化转向"，跨学科（社会学、比较文学、哲学等）
2012至今	经济快速平稳发展	开始注重建立特有的话语权及翻译理论构建	社会学视角	生态翻译、社会翻译学等

在翻译实践方面出现了一些新的趋势。首先，由"译入"变成更多的"译出"，即许钧教授提到的"从翻译世界变成了翻译中国"①。其次，从单一题材翻译变成多元化题材翻译。长期以来，翻译的主要方向是文学。随着改革开放的深入，翻译的题材逐渐增多，如政治、经济、技术类文本，甚至最近几年十分流行的视听材料的翻译。再次，由少数西方语种转化成多语种翻译。最后，增加了更多人工智能翻译及辅助翻译的元素。2009 年，《中国翻译研究（1949—2009）》就新中国 60 年的翻译研究发展展开了探讨。然而仅仅过去了 10 年，中国的翻译活动与翻译研究就发生了重要变化。学者仲伟合总结道："一是翻译方向发生了变化，二是翻译的内容和翻译的对象发生了变化，三是翻译的方式发生了变化，四是翻译手段的变化，五是翻译队伍的显著变化，六是学科发展和翻译研究的变化。"新中国成立 70 多年来，特别是近 40 年，中国翻译研究以开放的精神，不断拓展翻译研究领域，加强翻译学科的基础建设与理论建设，不断推进中国翻译与翻译研究视野的全面发展。

---

① 许钧：《改革开放以来中国翻译研究概论》，湖北教育出版社 2018 年版。

一、翻译研究的社会学视角

（一）翻译活动的社会性特征

从古至今，很多学者都对"翻译"给出了不同的阐释。如表2：

表2　历史中的"翻译"概念汇总

定　　义	出处及作者
译即易，谓换易言语使相解也	《周礼义疏》
翻译是运用一种语言把另一种语言所表达的思维内容准确而整体地重新表达出来的语言活动	张培基
翻译是用其他语言来解释语言符号，并将翻译过程理解为将一种语言中的信息替换为另一种语言中的完整信息，而非替换为孤立的语码单位	雅各布森
翻译是把一种语言（源语）的文本材料替换为另一种语言（目标语）中对等的文本材料。卡特福德认为翻译是从语义到文体，用贴近自然的对等语在接受语言中再现源语信息	奈达
翻译是在特定的译语背景中，为了译语目的和译语受众，生成文本的过程	弗米尔
翻译(包括口译、笔译、同传与机译)是有文本参照的跨文化、跨语言、有目的的社会交际行为与活动，其对象选择与翻译过程因译者意愿与社会需求而有所不同。同理，其翻译结果产生出无数种跟原文（包括内容和形式）不尽相同的译文变体（translation variants），其变体在原文和译语作品间构成了一个集合（set）	杨自俭
翻译本质上是一种以符号转换性为核心并兼有艺术再造性、信息传递性、审美交际性、社会交往性、文化交流性等多种性质的复杂的人类活动系统，体现为一种包含原语和译语活动等多重阶段的运作和演进过程	贾正传、张柏然

归纳总结，我们可以发现翻译的两个基本属性，即语言学属性及社会学属性。翻译活动的社会学属性主要体现在三个方面：一是翻译内容的社会

性;二是译者的社会性;三是译作的社会性功能。定义中涉及的内容、信息、交流、翻译目的、审美等,都可以说是社会性的产物。译者虽然可以选择如何翻译,但始终无法脱离时代环境。"译者在一定的历史环境和一定的社会条件下所意欲达到的目的,包括政治的、宗教的、教育文化的或审美的目的,在很大程度上决定了翻译的手段和方法,而译者的态度和主观因素更是直接影响了整个活动。"[1]

翻译的社会价值主要表现为翻译活动对社会交流与发展的强大推动。翻译与民族交往共生,与文化互动同在。一部翻译史就是一部活生生的接受史。从佛经北传到西学东渐,从中国革命到改革开放,翻译既开启了中华民族的精神启蒙,也参与了中国社会的全面改造。翻译因人类的交际需要而产生,为交流打开了通道,使人类社会从相互阻隔走向相互交往,从封闭走向开放,从狭隘走向开阔,给人类社会带来的既有精神之光芒,又有物质之果实。借助翻译,人类社会不断交流并创造出文明成果,互通有无,彼此促进。应该说,没有沟通人类心灵的翻译活动,人类社会便不可能有今天的发展。此外,翻译的社会价值还表现为对于民族精神的塑造力。翻译通过对他国先进科技文化的介绍,引进知识、开启民智、塑造民族精神和国人思维,在特殊时期,甚至能对社会重大政治运动和变革实践产生直接的影响。

(二) 社会翻译学国内外研究现状

20世纪后半叶,全球社会多元化进程加速,社会实践活动带来更多的翻译问题,从而使翻译理论研究获得空前发展。人类的社会实践活动及其对翻译的需求也产生了变化。翻译界开始向语言学、文化及社会学转变。近10年来,中国翻译界借着改革开放的"春风"迅速发展。2018年11月,由中国翻译协会主办的"改革开放40年与语言服务创新发展论坛暨2018中国翻译协会年会"在北京国际会议中心开幕。国际翻译家联盟主席凯

---

[1] 许钧:《对翻译的历史思考》,《上海科技翻译》1999年第3期,第1—4页。

文·夸克(Kevin Quirk)在致辞中谈道:"40年前中国开始改革开放,中国翻译协会和国际翻译家联盟共同见证了中国的变化,同时中国翻译事业为改革开放做出了巨大贡献。未来我们相信中国的翻译同仁还会在'一带一路'倡议中做出更多贡献,提供更多高质量服务。中国翻译协会让中国在世界发光。"

《中国翻译》杂志2018年第6期创建了"改革开放四十年中国翻译研究笔谈"专栏,并邀请业界专家,对改革开放以来中国翻译研究的整体概况、学科建设、翻译批评、文化外译、翻译史、翻译技术等方面的内容进行整理,以供讨论。其中,在《改革开放以来中国翻译研究的发展之路》一文中,许钧教授提出,"改革开放让我们的翻译学科获得了更为广泛的发展空间。在时代变化和行业发展的双重推动下,学科的社会功能不断增强,学科发展的主要任务开始转向内涵发展"[1]。在《改革开放以来的中国译学理论建构》中,蓝红军教授提出,"无论是利用我们传统文化中的概念构建译论,如'和合译学''和谐翻译标准''会通翻译''大易翻译学',还是利用相关学科的概念和术语解释翻译现象,如翻译生态学、翻译地理学、翻译经济学、翻译修辞学、翻译社会学、翻译写作学、翻译心理学等,都是典型的跨学科理论创新和话语创新的尝试"[2]。

近年来,针对译者与非文本和文化的研究,已经占据翻译研究的核心位置,其中包括翻译史的研究和从社会学角度切入的翻译研究。没有口译、笔译人员,何谈翻译。翻译人员、翻译活动的个性化分析正逐步走向翻译研究的中心舞台,翻译的"社会学"发展迅猛,开始研究译者作为活跃的代理人的角色。[3]

"社会翻译学"一词最早源于1972年詹姆斯·霍姆斯(James Holmes)

---

[1] 许钧:《改革开放以来中国翻译研究的发展之路》,《中国翻译》2018年第39卷第6期,第5—8页。
[2] 蓝红军:《改革开放以来的中国译学理论建构》,《中国翻译》2018年第39卷第6期,第12—14页。
[3] Jeremy Munday, *Introducing of Translation Studies*, New York & London: Routledge, 2016.

在国际应用语言学大会上题为:《论翻译的名与实》(*The Name and Nature of Translation Studies*)的发言。霍姆斯列出了一个整体框架,描绘了翻译学的范围,而这个框架后来由以色列著名翻译学者吉迪恩·图里(Gideon Toury)呈现出来(见图2)并进一步做出阐释。① 霍姆斯还提出了"社会翻译学(socio-translation studies)"和"翻译社会学(translation sociology)"两个概念。按照翻译学图谱来看,社会学视角下的翻译研究主要涉及功能导向研究和媒介限制研究等。直至今日,社会学视角下的翻译研究该如何称谓,是翻译社会学还是社会翻译学,仍未有定论。两者的区别主要体现在以下三个方面:

第一,从理论视角来看,社会翻译学是在社会学角度对翻译现象或翻译活动进行研究,翻译社会学是从翻译学的角度对社会现象或社会活动进行研究。

第二,从研究对象来看,社会翻译学的研究对象主要是翻译现象和翻译活动,翻译社会学的研究对象主要是社会现象和社会活动。

第三,从研究目的来看,社会翻译学是为了更好地认识翻译现象或翻译活动,翻译社会学是为了更好地认识社会现象或社会活动。

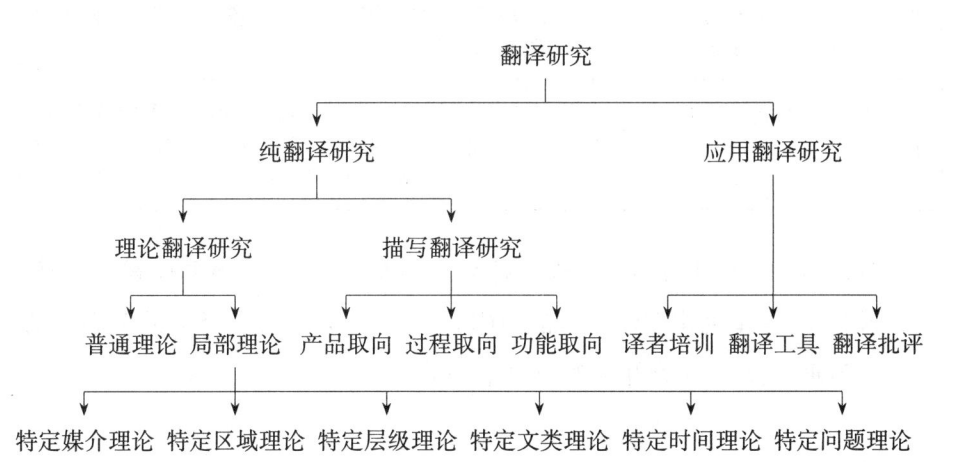

图 2　霍尔姆斯的翻译研究框架

---

① James Holmes,"The Name and Nature of Translation Studies", in Lawrence Venuti, ed. *The Translation Studies*, New York & London: Routlege, 2004.

新世纪时期,社会学视角下的翻译研究进入新阶段,虽然仍处在翻译学与社会学的十字路口,但迎来了"社会学转向"。[①] 这一转向与以往不同,翻译研究将迎来社会学与翻译学之间的深入论述以及社会学研究方法指导下的大量翻译学研究。翻译社会学把翻译视为一项实践活动,以历时或共时的翻译现象、成果与社会的关系为研究对象,"从社会需要、社会认识、社会选择、社会理解、社会操纵、社会接受与传播、社会批评与评价、社会效果出发,解释翻译活动涉及的诸多因素及解释翻译活动的始末,证明翻译活动每个环节体现出的社会性"[②]。社会翻译学研究主要借用了以下三种社会学理论。

表3 奠定社会翻译学理论基础的三大社会学理论

学者	理论分类	概述
布迪厄	反思性社会学理论 reflecxive sociology	惯习是内化的规范;社会由不同场域组成,场域中心的要素影响这一场域内的关系;惯习受象征、文化、教育资本影响,个体在场域中的位置取决于资本
卢曼	社会系统理论 social systems theory	社会系统理论构建于一切社会现象之上,其"系统"概念指"环境"外的一切,系统应具备三个特点:自我生产、限制和存在
拉图尔	行动者网络理论 actor-network theory	行为者网络既包括人的行为者也包括非人的行为者。行为者指的是一切能够引起行为的事物,它被用来解释特定产品及其需求同时产生的方式

西方翻译学及社会学学者以上述理论为基础,进行了很多探索,主要涉及翻译职业、翻译机构、翻译产品的国际传播、社会学与翻译学的关系等方面。主要研究者、论著及相关观点见下表:

[①] Michaela Wolf and Alexandra Fukari, eds., *Constructing a Sociology of Translation*, Amsterdam/Philadelphia: John Benjamins Publishing Company, 2007.

[②] 胡牧:《翻译途径:一个社会学视角》,《外语与外语教学》2006年第9期,第48—51页。

表 4　社会翻译学论著

学　者	研 究 成 果	发表时间(年)	主 要 观 点
丹尼尔·西梅奥尼 (Daniel Simeoni)	从学术角度看译者习惯全文的核心地位 The Pivotal Status of the Translator's Habitus Full Version from Academia	1998	文学翻译已经成为社会学的一个研究方向
谢尔盖·秋列涅夫 (Sergey Tyulenev)	鲁曼在翻译研究中的应用 Applying Luhmann to Translation studies	2005	继续拓展社会翻译学理论及其研究领域的交流
安东尼·皮姆 (Anthony Pym)	翻译的社会文化视角 Sociocultural Aspects of Translating and Interpreting	2006	社会学途径适用于翻译学研究
米歇尔·伍尔夫 & 亚历山大·深利 (Michaela Wolf & Alexandra Fukari)	社会翻译学的建构 Constructing a Sociology of Translation	2007	翻译学已经迎来了"社会学转向"
谢尔盖·秋列涅夫 (Sergey Tyulenev)	翻译与社会 Translation and Society: An Introduction	2014	译者是翻译活动中的一员；翻译过程可归纳为变异、选择、稳定等

近年来，中国也出现对西方翻译社会学研究的引介及翻译活动。但是总体来看，目前中国仍处于"从理论到理论"的研究状态，未对改革开放四十年以来的社会发展状况展开具体论述。这一状况近三年来有所转变，许多专家学者在翻译活动的要素、环节和领域等方面对文化外译需要在翻译活动中做出的改变提出了不同的建议及看法。

国内社会翻译学研究情况如下：

1978—2018 年，据不完全统计，翻译社会学相关研究中，国外有 132 篇，国内有 95 篇，共计 227 篇。（国内文献主要搜集自知网，还包括已出版的专著；国外文献主要搜集自 Web of Science 数据库的期刊及专著）。1997 年起，国外翻译研究者率先对翻译社会学展开理论探讨，随后该领域引起更多研究者的关注，文献数量在 2007 年达到高峰，此后成为翻译研究的热点论题。2016 年以翻译活动、社会学为主题词的相关文献再次达到一个小高峰，因为很多学者在这一年对中国社会翻译学研究十年历程做了回顾与展望。

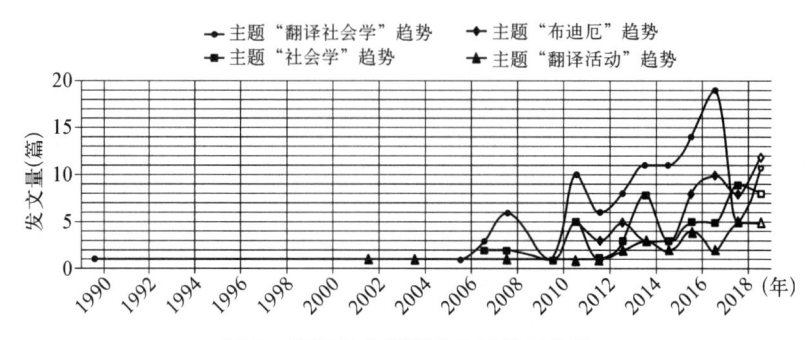

图3　翻译社会学研究文献数量趋势

中国对社会学视角下的翻译研究晚于西方,但是近 20 年,也取得了丰硕的成果,主要围绕以下五个方面展开:第一,社会翻译学基础理论,如胡牧[①]、王洪涛[②]、王运鸿[③]等;第二,社会翻译学的研究视角,如仲伟合和冯曼[④]、王传英[⑤]、宋安妮[⑥]等;第三,社会翻译学的研究方法,如王洪涛[⑦]、杨晓华[⑧]、周俐[⑨]等;第四,社会翻译学的缺陷及发展趋势,如武光军[⑩]、赵巍[⑪]、傅敬民[⑫]、邢杰[⑬]、王洪

---

① 胡牧:《翻译途径:一个社会学视角》,《外语与外语教学》2006 年第 9 期,第 48—51 页。
② 王洪涛:《建构"社会翻译学":名与实的辨析》,《中国翻译》2011 年第 1 期,第 14—18 页。
③ 王运鸿:《描写翻译研究之后》,《中国翻译》2014 年第 3 期,第 17—24 页。
④ 仲伟合、冯曼:《翻译社会学视角下文化外译研究体系的建构》,《外语研究》2014 年第 3 期,第 57—62 页。
⑤ 王传英:《翻译规范理论的社会学重释》,《上海翻译》2013 年第 3 期,第 14—19 页。
⑥ 宋安妮:《卢曼德社会系统理论与翻译研究探析——论翻译研究的社会学视角》,《外国语文》2014 年第 3 期,第 132—134 页。
⑦ 王洪涛:《"社会翻译学"研究:考辨与反思》,《中国翻译》2016 年第 4 期,第 6—13 页。
⑧ 杨晓华:《翻译社会学的理论构架与研究——以中国语言服务产业为例》,《上海翻译》2011 年第 3 期,第 7—12 页。
⑨ 周俐:《文本的适度回归:翻译社会学研究的微观发展——看 20 世纪 20 年代新月派翻译实践》,《外国语文》2013 年第 2 期,第 147—150 页。
⑩ 武光军:《翻译社会学研究的现状与问题》,《外国语》2008 年第 1 期,第 75—82 页。
⑪ 赵巍:《关于"社会翻译学"的再思考》,《西安外国语大学学报》2013 年第 21 卷第 1 期,第 109—112 页。
⑫ 傅敬民:《社会学视角的翻译研究:问题与前瞻》,《上海大学学报(社会科学版)》2014 年第 6 期,第 101—111 页。
⑬ 邢杰、陈颖琛、程曦:《翻译社会学研究二十年:溯源与展望》,《中国翻译》2016 年第 4 期,第 14—20 页。

涛等;第五,社会翻译学的个案研究,如屠国元[①]、汪宝荣[②]等。目前国内学者对于社会翻译学的主要观点有:第一,单一的社会学理论无法合理诠释翻译学问题,需要将多个社会学理论相结合;第二,社会学理论注重实践性问题的剖析,在翻译理论构建等方面需要进一步优化;第三,引入社会学的角度对翻译研究而言是重大变革,将成为非译本研究领域的重要方法及视角。

西方对翻译活动社会性的研究,尽管将其纳入翻译社会学名称之下,但并没有将翻译活动置于广大的社会背景之中,研究视野较为狭窄,不利于翻译活动的社会性的认识。中国目前还处于对西方翻译社会学的简单性介绍和评价中,未产生新的对翻译活动的社会性认识,也没有形成新的翻译社会学理论简介。一些学者对翻译活动的某要素、环节或领域的探讨仅限于现象层次,未从整体上就如何解决问题进行深入探讨。

对任何现象的思考,都有一定的时代背景。随着社会的发展和时代的变迁,以及跨文化交流更加频繁,翻译活动及其与社会环境的多重联系越来越复杂。翻译活动作为社会结构和社会关系的组成部分,已经并将持续发生巨大变化。如果把对翻译活动的研究,仅限定在传统语言研究范围内,不仅对翻译活动的认识很难有新的突破,翻译学理论也不会有新的发展。只有对翻译活动做多面性的探讨,才能适应翻译活动的新发展,使翻译学理论不断得到丰富。本研究一方面嵌入翻译活动的社会性研究这一中心议题,另一方面结合改革开放以来中国翻译活动的实际状况——大规模的翻译出版活动、翻译服务产业和中国文化"走出去",以翻译活动与社会的关系为主线,围绕中心问题展开研究,目的是促进中国翻译活动的健康发展,使翻译活动更好地为社会发展服务,同时,为丰富翻译学理论提供有参考意义的学术讨论。

[①] 屠国元:《布尔迪厄文化社会学视阈中的译者主体性——近代翻译家马君武个案研究》,《中国翻译》2015年第2期,第31—36页。
[②] 汪宝荣:《葛浩文英译〈红高粱〉生产过程社会学分析》,《北京第二外国语学院学报》2014年第12期,第20—30页。

二、布迪厄社会学理论

（一）布迪厄社会学理论简介

1. 布迪厄在社会学领域的地位及其语言观

皮埃尔·布迪厄作为近 40 年在西方学术界中学术观点被引用最多的当代人类学家、社会学家和思想家，与英国的安东尼·吉登斯（Anthony Giddens）、德国的尤尔根·哈贝马斯（Jürgen Habermas）被称为当代社会学三杰。布迪厄的研究方向为社会学，但在研究过程中，他往往采取跨学科的方法，涉及教育学、哲学、美学、语言学等领域。布迪厄人生经历丰富，曾在入伍期间做过大量的社会学田野调查，为其后来对事件的关注、对研究者和研究对象之间关系的强调奠定基础。1985 年起，布迪厄担任法兰西学院构筑社会学研究中心主任，2000 年被英国皇家学院颁发了代表国际人类学界最高荣誉的赫胥黎奖。

布迪厄著作等身，一生共撰写了约 47 部专著及 500 余篇学术文章。其中 2001 年出版的《语言与象征权力》（*Langage et pouvoir symbolique*）和 1982 年出版的《言语意味着什么——语言交换的经济》（*Ce que parler veut dire: l'économie des échanges linguistiques*）具体体现了其语言观。布迪厄的语言观与社会学思想较为统一，他在一生的学术探究中，一直试图超越社会学科的二元对立，探索社会生活实践的深层内涵。20 世纪 90 年代，随着布迪厄著作的大量英译，其社会学理论逐渐进入西方学界，布迪厄理论以其独特性、关系性、反思性以及批判性超越了传统理论的二元对立。对于文化、艺术、戏剧等方面的研究，也与语言及其符号力量（gentle violence）紧密相关。语言是布迪厄社会学理论比较重要的内容。他抨击形式主义的结构语言学，注重语言和社会实践，尤其是语言和权力的亲密关系，"他将语言置于实践中考察其功用"[①]。

[①] 李红满：《布迪厄与翻译社会学的理论建构》，《中国翻译》2007 年第 5 期，第 6 页。

布迪厄认为语言不仅是一种交流方式，也是一种权力机制。使用何种语言是由个人在某一场域或社会环境中的立场所决定的。他提出对语言的不同用法意在重申每个参与者的立场。语言互动展现了参与者在社会环境和不同理解方式中的立场，因此倾向于重现社会场域的客观结构。这决定了谁有"权"倾听、打断、提问、教导别人，以及达到什么样的程度。

通过语言表现身份可以细分为语言、方言和口音。例如，在一个地区使用不同的方言可以体现人们不同的社会地位。法语就是一个很好的例子。法国大革命之前，不同的方言直接反映了说话人的社会地位。农民和下层人民讲当地的方言，而只有贵族和上流人士才能流利使用官方语言——法语。口音可以反映一个地区社会等级和权贵的内部冲突。

语言可以作为权力机制是因为其具备心理表征和客观表征的功能，即作为标记和/或符号。因此，这些标记和符号将语言转变为权力的中介。

布迪厄的语言观主要有以下三点：

第一，语言是一种实践。布迪厄把整个社会活动和社会生活当作一种象征性的交换活动，一种通过语言作为中介而进行的社会活动。布迪厄认为索绪尔强调语言系统的封闭性，使意义局限于作为终极所指的结构，从而使逻辑压倒了实践，最终陷入了理性主义（Logosism）的"泥潭"。他主张语言只有放到实践中才能理解其丰富的意义。

第二，语言是一种权力。布迪厄认为语言关系是符号权力的关系，通过这种关系，言说者和他们所属的群体间的力量关系转而以一种变相的形式表现出来。因此，社会中人与人之间的言语交换，"并不只是对话、沟通及交换意见，其中还涉及权力的互相比较、调整和竞争"[①]。他主张在场域结构及各种因素的差异性中，解释语言交流中的不平等关系、支配关系，也就是其中的权力关系。

---

① 陈秀：《翻译研究的社会学途径——以布迪厄的社会学理论为指导》，浙江大学出版社2016年版，第53页。

第三,语言是一种策略。人类创造语言并不是为了语言学分析,而是用来说话,得体地说话。正因为如此,原来智者总是说,在习得一门语言的时候,重要的是要学会在适当的时候说适当的话。布迪厄提出,在语言交流中的说话往往采用委婉表达和屈尊策略,使用这两种语言策略来推销说话者的思想,巩固其在交流过程中的地位。他主张委婉表达和屈尊策略本身就是一种典型的象征性实践,在语言交换活动中最有本事和能力的言说者就是以不说话或者少说话而说出最多事情的人。

2. 布迪厄社会学理论的重要概念阐释

布迪厄社会实践论的主要概念是场域、惯习和资本。

(1) 场域

社会活动的场域是参与者或代理人进行权力争斗的场所——对于我们来说,该场所是翻译,潜在参与者包括作者、委托人、出版商、编辑和读者。

社会场域可以描述成一种由不同社会地位所构成的多维度空间,每个实际的社会地位根据互相调整的多维度系统进行定义的。上述互相协调的多维度系统所包含的价值,是与适应变量相对应的。第一个维度上,行动者的不同社会地位是由他们所掌握的资本总量决定的;而在第二个维度上,则是由他们的资本组成成分决定的,也就是说,是由不同资本占他们整个资本总量的比例决定的。①

场域是代理人及其社会地位所在的场所。每个代理人在该场域的地位是场域间的具体规则,是代理人惯习和代理人资本(社会、经济和文化)相互作用的结果。根据布迪厄对场域的论述,可以看出场域既是一个网络空间,又是一个权力空间,还是一个关系空间。场域之间彼此交互,并且分层:大多数场域从属于更大的权力和阶级关系场域。

布迪厄没有将他对社会关系和变革的分析局限于唯意志主义中介或严格地以阶级关系作为结构关系,而是使用中介结构连接场域概念:人们在任

---

① Pierre Bourdieu, *Language and Symbolic Power*, Trans. Gino Raymond and Matthew Admson, Cambridge, Mass: Harvard University Press, 1991.

意历史的、非同质的社会空间、领域中进行操纵和努力以追求理想的资源。布迪厄的大部分工作都是在研究教育和文化资源在中介表达中的半独立作用。这使得他的工作适合自由保守的学术研究。这种学术研究将社会的基本部分置于劳动阶级的无序派别中。当他们被认为拥有过度特权时，就需要强制干预了。对于将马克思主义者对经济指令的认同视为资本主义社会中权力和代理的主要组成部分的观点，布迪厄在实践中既受其影响又对其深表同情。

(2) 惯习

社会活动的惯习指个体宽泛的社会、身份和认知的构成，或个人定位，深受其家庭和教育的影响。它与场域和文化资本紧密相连，并成为近来翻译社会学研究的核心术语，国内外学者对此介绍归纳较多。惯习可以被定义为一种情绪系统(持久的、获得的感知、思想和行动方案)。

惯习一词的内涵是"一种社会化的主观能动性"(a socialized subjectivity)[1]这体现了惯习的社会性与个性。此概念的这两个特点与本研究需要阐明的中国改革开放四十年社会与翻译活动间的关系较为契合。其内涵主要可以概括为以下两点。

第一，惯习是"持久的、可转移的秉性系统"，也就是说以某种方式进行感知、感觉、行动和思考的倾向，这种倾向是由个人生存的客观条件和社会经历以无意识的方式内化的。

第二，惯习是与客观结构紧密相连的主观意识。布迪厄认为，惯习属于"心智结构"的范围，是一种"主观性的社会结构"。惯习既是个人的又是集体的。惯习作为一种主观能动性的性情系统和心智结构，它不可能孤立地存在着。惯习具有历史性、开放性和能动性。在布迪厄看来，惯习是一种生成性结构，是一种人们后天所获得的各种生成性图式的系统。

布迪厄的惯习概念受马塞尔·莫斯(Marcel Mauss)关于身体技巧和六

---

[1] Pierre Bourdieu and Loïc J. D. Wacquant, *An Invitation to Relexice Sociology*, Chicago: University of Chicago Press, 1992.

角形概念的启发。这个词本身可以在诺贝特·埃利亚斯(Norbert Elias),马克斯·韦伯(Max Weber),埃德蒙德·胡塞尔(Edmund Husserl)和欧文·潘诺夫斯基(Erwin Panofsky)的作品中找到,这些作品是对该概念的重新解读,因为它出现在亚里士多德的六角形概念中。对于布迪厄来说,惯习对解决人类科学的一个突出的矛盾,即客观主义和主观主义至关重要。个体代理人根据所遇到的客观条件来发展这些情绪,并将客观社会结构的灌输理论转化为代理人的主观心理体验。客观的社会场域对参与者的资格提出要求,并将客观的社会结构吸收到个人的认知和身体情绪中。代理人的主观行动结构随后与社会场域的客观结构和现存的紧急情况相称,便出现了一种信念的关系。

虽然,惯习会让人联想到社会化等先前存在的社会学概念,但是惯习在几个重要方面也与之不同。首先,惯习的一个核心方面是它的体现。惯习指特定的群体或个人实践的机制作用于特定话语群体中的个体,并通过意识指引人们的话语行为。它主要是在显性的话语意识层面发挥作用。此外,内部结构更具体化,并以更深入、实用且通常是反射前的方式进行工作。许多在体育领域中形成的"肌肉记忆"可以作为例证。虽然这是一项需要学习的技能,但它更像是一种身体过程,而不是一种心理过程,必须在身体上进行活动才能学习。从这个意义上讲,这个概念与吉登斯的实践意识概念有一些相似。

"惯习和信念"是布迪厄对于"惯习"定义的另一个重要维度。信念指学习的、基本的、深层次的、无意识的信念和价值观,作为明显的一般概念,意味着代理人在特定场域内的行为和思想。信念倾向于支持该场域特定的社会安排,从而赋予占据主导地位的人的特权,并且将其主导地位变得显而易见和普遍有利。因此,构成惯习的理解和感知类别与该场域的客观组织一致,往往会重现该场域的结构。一个信念的情境可以被认为是客观的外部结构和惯习的"主观"内部结构之间的和谐。在信念的情境中,社会世界被认为是自然的、理所当然的,甚至是常识性的。

因此,布迪厄认为惯习是促进社会再生产的重要因素,因为它对于产生和调节构成社会生活的实践至关重要。人应学会获取触手可及的东西,而不是渴望他们无法获得的东西。

(3) 资本

个人可能获得的或被给予的不同种类的资本,包括有形的经济资本(金钱和其他物质)、无形的社会资本(社交网络)、文化资本(学历、知识、教育)和象征资本(地位),以及幻想即意识的文化界限。

布迪厄扩展了资本的概念,将其定义为投入生产用途的资金或资产的总和。他习惯性地指出几种主要的资本形式:经济、象征、文化和社会。它们在布迪厄工作中的地位是:资本来自三个主要类别:经济、文化和社会。第四个类别是象征性资本,当人们没有察觉到任意资本的影响时,就会将其指出。

布迪厄将象征性资本(声望、荣誉、注意力)视为重要的权力来源。象征资本是任意类别的资本,是"不被察觉到的",是通过社会灌输的分类方案来被察觉。当一个象征性资本的持有者使用这种权力时,这种权力就会被赋予拥有较少资本的代理人,并试图改变他们的行为,他们就会行使象征性的暴力。

从根本上说,象征性暴力是强加于占据主导地位的社会代理人的思想和感知类别,然后他们将社会秩序变得公正。它是无意识结构的结合,倾向于使主导的行动结构永久化。占主导地位的人随后将自己的立场变得"正确"。象征性暴力在某种意义上比身体暴力更强大,因为它嵌入行为模式和个体认知结构中,并强加于社会秩序以合法性。

布迪厄运用经济学的一些术语分析社会和文化再生产的过程,以及各种形式的资本是如何转移到下一代的。对于布迪厄来说,正规教育是关键例子。教育的成功需要一系列的文化行为,延伸到表面上非学术性的特征,有步态、着装或口音等。拥有特权的儿童和他们的老师一样学会了这种行为;没有特权的孩子则没有学会。因此,特权儿童轻而易举地符合了教师期望的模式,他们是"温顺的";没有特权的孩子是"困难的""有挑战性的"。两者都表现为他们的成长经历。布迪厄认为这种"轻松"或"自然"能力的区别,实际上是一种伟大的社会劳动的产物,很大程度上原因在于父母。他们赋予孩子行为和思想情绪,确保自己能够在教育体系中取得成功,然后在更广泛的社会系统中重现父母的阶级地位。

文化资本是指资产,如能力、技能、资格。使拥有者能够动员文化权威,也可能成为误识和象征性暴力的来源。例如,工薪阶层的孩子看到来自中产阶级的孩子通过教育的成功而获得更多的机会。这一案例经常被用于证明个体所处的阶级对于个体发展的作用,但是这一结果并非仅仅在于阶级的差异,个体主观努力的意愿、个体能力的强弱,均是造成这一后果的原因。这一过程的关键是将人的象征性或经济继承(口音、财产)转变为文化资本(被大学录取、接受高等教育)。

布迪厄认为,文化资本的发展与经济资本相对立。主要持有文化资本的人与主要持有经济资本的人之间的冲突在艺术和商业的对立社会场域中得到体现。人们认为,艺术场域和相关文化场域在历史上一直在争取自治,这种自治在不同的时间和地点或多或少地实现了。自治艺术场域被概括为"一个颠倒的经济世界",突出了经济和文化资本之间的对立。

对布迪厄来说,社会资本是实际或虚拟资源的总和,来自一个或多或少相互熟悉和认可的制度化关系的持久网络而产生的个人或群体。个人想要获得这样的资本,必须不断努力、耗费时间。对于一些家庭来说,几代人都在积累文化资本,因为他们采用文化投资策略并将其传递给子女。这使儿童有机会通过教育发挥他们的潜力,并将这些相同的价值传递给他们的孩子。随着时间的推移,这些家庭中的个人获得了文化货币,这使得他们比其他人具有先天的优势,这就是为什么不同社会阶层儿童的学业成绩会存在差异。拥有这样的文化货币使人们能够通过给予他们一定程度的社会尊重和地位来弥补金融资本的不足。布迪厄认为,当个人通过政治或其他方式追求社会权力和地位时,文化资本可能会发挥作用。社会和文化资本以及经济资本,导致我们在世界上看到了不平等。

2. 翻译中对布迪厄社会学理论关键概念的阐释

规范和惯习是互相影响的。规范是惯习的产生前提,构成一部分惯习。

对于不同的场域及翻译活动参与者,因不同的态度、习得、先验产生不同的惯习。内化后的规范是一个场域中的惯习。与其他社会学理论相比,布迪厄的社会实践论克服了主客二分的僵化模式,其中"惯习"和"规范"相比,则是主客兼容,是翻译实践的历史沉淀被译者内化后形成的思维定式和行为模式,会随社会条件的变化而变化。

综合布迪厄的论述,"场域""惯习"与"资本"三者之间的关系可以从以下三个层面理解。

第一,场域和惯习是互相交织的双重存在。场域是具有惯习的场域,没有惯习的场域是不存在的;惯习是场域的惯习,脱离场域的惯习是不存在的。

第二,在一个场域的内部,场域和惯习之间存在"本体论的对应关系"。

第三,不同场域间,"惯习"存在着"不吻合"的现象。场域的不同类型是其区别的主要体现,而场域的分类标准也是多样化的。

如上所述,布迪厄运用惯习和场域的方法论和理论概念,来对社会科学客观-主观的突出矛盾进行认识论的突破。他希望有效地统一社会现象学和结构主义,对于惯习和场域也同样如此。

布迪厄希望将这些被广泛认为是不相容的社会学传统结合起来,但这一直存在争议。要掌握的最重要的概念是惯习。粗略地说,惯习是个人的情绪系统。社会学家经常会研究这些法律所依据的社会法(结构)或个人思想(代理)。那些认为前者应该是社会学的主要利益(结构主义者)和那些争论后者(现象学家)的人之间存在着巨大的社会学争论。当布迪厄要求我们考虑情绪时,他正在对社会学进行非常微妙的干预。他找到了社会法和个人思想的中间立场,并认为我们合适的分析对象应该是这个中间立场,即情绪。情绪是广泛公开且可观察的。无论情绪多么微不足道,它也是一个公开的声明,用以表明一个人的立场与忠诚度。

在任何个体的社会中,不断表现和发生的情绪、琐事和大事形成了一系列可供观察的偏好和忠诚、点和向量。这种空间隐喻可以由社会学家进行分析,并以图解的形式呈现。最终,通过这种方式概念化社会关系,形成一个社会形象,即一个相互关联的空间网络,这些就是社会场域。

对于布迪厄来说,惯习和场域只能相互存在。虽然一个场域是由参与其中的各种社会代理人(以及他们的惯习)构成的,但实际上,惯习则代表了该场域的客观结构转换为代理人的主观行动结构和思想。

惯习与场域的关系是双向的。只有社会代理人拥有构成该场域所必需的情绪和知觉图式并使其充满意义时,该场域才存在。同时,通过加入该场域,代理人将适当的技术诀窍融入他们的惯习中,使他们能够构建该场域。惯习展现了场域的结构,场域在惯习和实践之间进行调节。

布迪厄试图利用惯习和场域的概念消除主观和客观之间的分歧。他是否成功是有争议的。布迪厄声称任何研究必须由两个阶段组成。第一阶段是研究的客观阶段——人们关注社会空间与场域结构的关系。第二阶段是对社会代理人行为倾向,以及他们居住在该场域所产生的感知和理解的类别的主观分析。他认为正确的研究离不开这两者。

综上所述,可推出以下公式。

$$[(惯习)(资本)] + 场域 = 实践$$

(二) 布迪厄社会学理论与中国翻译活动的关系

1. 翻译界对布迪厄理论的评价

布迪厄一直致力于超越社会科学中的二元对立与二分法,在这一过程中他提出了很多精辟的见解和发人深省的观点。但布迪厄的理论基调却是中庸的,就像他一再强调象征资本对经济资本的调节作用一样。布迪厄的作品所表现的调解倾向,正是人们误读的根源。这一不偏不倚的中庸之道,一方面决定了布迪厄不可能像福柯、德里达、利奥塔那样引发即时性的轰动效应,另一方面也为布迪厄留下了更为宽泛的回旋空间。也许这正是布迪厄的理论长盛不衰的根源。

"不同的学者对于布迪厄社会学理论运用于翻译研究这一问题持不同看法,有的学者质疑社会翻译学研究能否目标明确、名正言顺地将更多社会学理论加以梳理并运用进翻译学之中。"①作为一种社会、文化活动,翻译是整个系统的一部分,深嵌于社会、政治、经济和文化环境里,构成一种操纵。布迪厄提出的社会学范畴的概念有助于翻译社会学的基础理论构建。

布迪厄社会学理论使研究者不再只把翻译视为文本生产活动,而将目光投向翻译所处的社会空间上,而翻译作为独立场域与其他场域之间是存在互动关系的。

当然,该理论也存在一定的局限性,主要表现为:第一,较适用于实践性问题的研究;第二,偏重翻译图书产业,忽视机构翻译等;第三,在资本及场域研究中,过分强调影响国际文学文化交流的政治原因,而忽略了翻译的相对自治。

3. 布迪厄社会学理论与翻译活动的关系

在布迪厄理论框架下,我们可以对翻译进行如下描述:翻译行为者们遵守一定的规则进行翻译活动,他们长期以来养成的文化惯习对翻译文本的选择及译本的产出风格等有决定性的影响。通过翻译,某种语言或者文化可以积累一定的文化资本(翻译文本及其影响),从而在全球化的社会文化场域中争取到一定的位置。随着翻译行为及相应积累资本的变化,文化场域中各种力量对比也在不断发生变化。

布迪厄的翻译理论是中国学者在社会翻译学研究中提及最多的理论。2012年莫言获得诺贝尔文学奖后,更多学者将重点放在对具体译作的非文本因素的探索中。据不完全统计,2012—2018年,运用布迪厄场域、惯习、资本理论探索个体案例的文章达到58篇。

综上所述,基于布迪厄的社会学理论,翻译学研究者将其研究成果替代多元系统理论框架,尤其是对译者角色理论化的研究,这填补了早期研究理论的空缺。作为大部分社会翻译学研究者的理论依据,布迪厄帮助中国学者完成了文学文本、翻译职业、翻译产品的国际传播、翻译机构等方面的研究。

---

① 胡牧:《翻译途径:一个社会学视角》,《外语与外语教学》2006年第9期,第48—51页。

三、行动者网络理论

（一）行动者网络理论

理论模型是研究对象本质特征的表征。好的理论模型不仅可以准确描述出研究对象，还可以对研究对象做出解释和预测。安德鲁·切斯特曼（Andrew Chesterman）将翻译研究中的模型分为四种：比较模型、过程模型、因果模型和关系模型。[1] 在翻译社会学理论模型建构方面，切斯特曼提出的关系模型较为恰当。关系模型是非线性的，也是非描述直接因果关系的，注重翻译中人的因素，且能呈现翻译复杂的关系网和复杂的过程。

行动者网络理论是由法国科技与社会学家米歇尔·卡龙（Michel Callon）提出的。他提出了"行为者网络理论"一词，简称ANT（actor-network theory）。这一理论的主要理论家是卡龙、拉图尔以及约翰·劳（John Law）。其中拉图尔的影响力最大。按照卡龙给出的定义，行为者网络理论是一种"异质建构论"，也就是说，它主张科学知识与技术的建构不只是由社会（利益）决定的，而是同时由人（社会）与非人（工具、物、被研究的对象）等所构成的"异质物的网络"决定的。同时，拉图尔还提出了"超对称"的概念，即强方案使用同一种社会说明来说明真与假、成功与失败的信念。但"行动者网络理论"主张社会与物质皆是网络的产物，要同时描述人与非人的行为者，并指出要用同样的关系性架构来处理他们，才能处理得完整。人和非人的超对称性：人和非人都是行为者，也都是（被）行为者，所以没有主动被动或主体客体之区分，或者说，人被当成主动的主体、物被当成被动的客体，其实是现代性异质网络的产物。

因此，如果主张某个理论或技术的科学家、技术家或发明家越能为他的

---

[1] Andrew Chesterman, "Models in Translation Studies", in Yves Gambier and Luc Van Doorslaer, eds. *Handbook of Translation Studies*（Volume 3）, Amsterdam/Philadelphia: Benjamins, 2012, pp.108-114.

理论技术或发明建立一个大的网络(包括物质资源和社会人脉),就越能生存下去。那么,究竟成功的科学家、技术家或发明家如何扩大他的网络呢?

切斯特曼曾在《翻译社会学研究的若干问题》一文中指出,翻译的社会学方法主要在于翻译实践,即译者及其他代理人之间的关系如何。他简要描述了拉图尔的行动者网络理论,认为该理论主要用于科技领域。

最早将行动者网络理论引入翻译研究的是加拿大学者布泽林(Buzelin)。他曾指出转译与网络这两个概念在目前运用行动者理论开展的翻译研究中占有相当重要的位置。[①] 行动者网络理论的优势在于可以分析该网络中每个代理人、参与者或者中介的角色,为检验与翻译过程本质相关的解释性假说,比如文化研究、阐释学研究等提供坚实的基础。

拉图尔的"行动者网络理论"描述了人和物的"行为体"组成网络的过程,这些"行为体"的身份和品质被社会互动政策所框定。个体"行动者"与网络是互构的,是同一体的两个方面。"行动者网络"形成的主要因素之一是翻译,在"利益"的驱动下,"行动者"通过不断协商达到个体和集体的目的。这个过程会调和"距离暴力",改变网络的结构。

中国翻译研究者新世纪后对行动者网络理论的关注较多,主要集中在西方概念引介、个案分析、理论构建、社会学翻译途径探索等方面。翻译活动和行动者网络一样具有创造性和不可预测性,因此,自然与文本、文本与语境、行动者与结构、人类与非人类间通过不停的翻译活动,实现了"连贯"。目前已经有不少学者探讨了拉图尔的行动者网络理论在翻译研究中的应用。

第一,他们从研究对象、研究方法及研究结果等方面较为详细地分析了拉图尔的科学社会学思想对翻译研究的重要意义,指出对翻译活动的理解必须从发生学的角度入手,而翻译的社会生产过程应该作为翻译研究的对象之一。更重要的是,基于拉图尔的实验室研究方法,翻译研究可以对正在进行的翻译项目做"微观"的案例研究。第二,人类志研究方法有效地弥补了翻译

---

① Hélène Buzelin, "Unexpected Allies: How Latour's Network Theory Could Complement Bourdieusian Analyses in Translation Studies", *The Translator*, Vol.11, No.2, November 2005, p.196.

研究中的诊断室描述法和有声思维的不足,翻译研究者通过参与、观察及描述自然状态下的翻译生产过程,避免了就片面的文本痕迹推到社会或文化因素对翻译生产过程的影响。第三,行动者网络理论为翻译理论与实践的关系及翻译的不确定性提供了新的解释维度,拓宽了翻译研究的内涵。布泽林曾将拉图尔的行动者网络理论和布迪厄的社会学理论做了对比。他认为拉图尔的行动者网络理论可以作为布迪厄社会实践论的补充应用于对翻译实际过程中及其参与者的研究中。

总的来讲,在场域理论和行动者网络理论的共同关照下,文学翻译既是"社会实践",也是文化产品的生产与传播。这些产品依靠行动者(译者等)在文学场域内通过资本(文化资本、经济资本、象征资本等)的转化,构建并运作了一个网络合作,整合运用这两种社会学理论,为翻译生产及传播过程研究提供了一种有效的方式。在本书的整体论述过程中,将结合这两个理论,提供不同概念间更为详尽、到位的关系阐释。

行动者网络理论强调网络的重要性。无论个体多强,单个行动者不可能独自完成一项行动,需要从网络中其他行动者那里获得能量,共同完成该项行动。行动者和网络相互建构:网络由行动者联结而成,但是没有网络,行动者就无法行动。场域理论能够解释译者如何形成惯习,如何在文学场域中发起或参与翻译项目,从而逐步积累资本、获取利益,并反过来影响场域。然而,该理论框架下的翻译行为者仅限于作者、译者、出版商、读者等人类行动者,未涵盖影视作品、技术、观念等非人类行动者,且对行为者关系网络的界定也不够清晰。场域理论的这些缺陷,行动者网络理论正好可以弥补。[①] 从翻译研究所需理论工具的角度上,我们看到了这两种社会学理论的互补性,并称它们为"意外的盟友"。博吉奇(Bogic)也认为,行动者网络理论的引入,将使翻译研究者更加关注翻译生产过程,并重新界定翻译行为者,把各种行动者考虑进去。

---

① Hélène Buzelin, "Unexpected Allies: How Latour's Network Theory Could Complement Bourdieusian Analyses in Translation Studies", *The Translator*, Vol. 11, No. 2, November 2005, p.196.

(二) 行动者网络理论中重要概念阐释

关于行动者网络理论，拉图尔曾经设想过其他说法，如"转译社会学""行动者活动体论""创新社会学"等。最终使用"行动者网络理论"，缘于理论本身对于异质性、能动性及不确定性的强调。在此，我们将对行动者网络理论中的重要概念"行动者""网络"及"转换"做出解析，并探究这三个概念在翻译研究中的内涵。

1. 行动者

行动者网络理论对于"行动者"这一概念的阐述是：在翻译过程中，对于翻译产品起到驱动性力量的主客体。行动者网络理论中的行动者是广义的，既可以指实际的人，也可以指非人的主观力量。"取消了人与非人行动者的区别与对立。"[1]这一点也突破了传统的翻译研究中主客体相互对立的观念。行动者网络理论强调行动者的能动性。拉图尔在阐释及定义时引入了中介者和转译者的区别。前者"不加改变的运转意义或力量，对其输入的定义就相当于对其输出的定义"，后者"改变、转译、扭曲和修改他们所承担的意义或元素"。[2] 对于翻译研究来讲，引入时需要注意行动者网络理论异质性、能动性和不确定性三个特征。翻译研究中的"转译者"内涵较为丰富，可以是传统研究中的作者、译者、读者，也可以是赞助人、翻译项目管理者、翻译公司、出版社等。这些"转译者"都可能对翻译实践的走向和发展产生影响。

2. 网络

行动者的行动和互相联系形成了行动者网络理论中另一个重要概念——网络。这里的网络与通常所知的、固态的、结构化的网络不同，是一个生态的、生成的、由一系列行动组成的概念。[3] 网络是一种表述方式，而不是

---

[1] 王頔庐：《行动者网络翻译研究》，《上海翻译》2019 年第 2 期，第 14—20 页。
[2] Bruno Latour, *Reassembling the Social: An Introduction to Actor-Network-Theory*, Oxford: Oxford University Press, 2005, p.39.
[3] Bruno Latour, *Reassembling the Social: An Introduction to Actor-Network-Theory*, Oxford: Oxford University Press, 2005, p.132.

被表述的对象。或许这里比 network 更贴合的词语是 worknet,凸显网络中的工作、运动、流动和变化。①

3. 转换

行动者网络理论同时被称为转译社会学理论,由于术语的巧合,翻译研究在使用行动者网络理论时,也会重点关注关于"转译"的讨论。翻译与转译虽然有共同之处,但并不相同。行为者网络理论研究的是科学家、技术家或发明家根据什么"策略"来扩大他的网络。这些策略构成所谓的"转换理论"(不是"翻译理论")。"翻译"这个词来自记号学和分子生物学的类比。[在分子生物学中,会说核糖核酸(RNA)把脱氧核糖核酸(DNA)的遗传密码 translate into 蛋白质和酶上。分子生物学对这个词的使用自然也是来自语言学的比喻。]

"转换"是一个过程,有四个阶段或策略:① 问题化。定义问题,使行为者接受此定义。② 利害关系化。使其他行为者感受到在此问题定义中有共同的利害关系。③ 招募。这是利害关系化的结果,尽可能把各行为者纳入相关网络中。④ 动员。使自己的网络成为其他行为者的发言人。

(三) 行动者网络理论与中国翻译活动

2018 年 9 月,上海外国语大学主办了"中国现当代文学在海外的译介与接受"研讨会。著名汉学家石江山在发言中指出,翻译活动并不局限于"译者"承担的文本的语际转换,涉及除了作者、译者、读者以外的不同代理人、翻译机构、出版发行机构的异质行动者,而这正是改革开放 40 多年来中国翻译活动受社会发展影响最多的部分。因此应大力发展"行动者网络翻译研究",通过文献学研究,还原翻译事件的原现场。寻找翻译网络构建的历史证据,从档案开始、收集、整理、公开,并最终使用档案,旨在呈现出翻译是如何在特定的、历史的行动者网络中得以产生的。

---

① Bruno Latour, *Reassembling the Social: An Introduction to Actor-Network-Theory*, Oxford: Oxford University Press, 2005, p.143.

目前，采用社会学路径展开翻译研究逐渐成为国际翻译学科的热点。借用较多的是布迪厄的社会学理论。相较而言，将行动者网络理论运用于翻译研究的案例较少，主要归因于以下两点：第一，内容本身较为庞大杂乱，关键概念的含义容易混淆，甚至有自相矛盾的情况。第二，研究方法不够明确。近年来，国内外关于行动者网络与中国翻译研究、中国翻译活动主题的研究主要涉及个案研究、研究综述、理论构建、翻译伦理、民族翻译策略探究、译作海外出版、翻译人才培养等方面。综合现有研究，主流观点包括：

第一，翻译活动涉及作者、译者、出版商、评论者、读者、翻译结构、传播结构、代理商等人类行动者或者集体，同时也涉及文本、文化产品、出版物、翻译技术等非人类主观行动者，故对于翻译的生产和传播过程，使用行动者网络理论进行研究十分合适。在翻译活动的微观层面，如语际转换、翻译策略选择等，行动者网络理论的应用较少，但是这部分的研究大有可为。

第二，翻译活动是一个不断变化和更新的工作网络，过去几十年翻译学的发展，让我们对这个网络的认识，从原文和译作的关系拓展到作者、译者、读者以及更大范围内其他政治、文化、诗学、经济等元素。

第三，翻译活动无法脱离社会因素，翻译的目的是传播和交流，其过程是嵌入社会之中，由人来完成又受各种社会因素影响、介入和制约的。将行动者社会网络理论运用到翻译活动的研究中，其核心和关键在于运行中的翻译系统和翻译运转。

第四，布迪厄的场域理论关注结构（场域）与行为者能动性（惯习）的互动，具有较强解释力，但未考虑非人类行动者及其影响场域运作的潜能，也未提及对网络的建构及运作方法。行动者网络理论正好弥补了场域理论的不足，尤其适用于分析翻译的生产与传播过程，包括翻译出版项目的发起与实施，译本出版、传播、接受等过程性行为。

四、社会系统理论

翻译是扎根于人类社会的活动。自20世纪90年代以来，越来越多的翻译学者借鉴布迪厄、拉图尔、卢曼(Niklas Luhmann)等人的社会学理论阐释翻译现象与社会发展关系,使得翻译研究实现"社会学转向"。① 从已有研究来看,引用最多的是布迪厄的社会学理论,对于卢曼的社会系统理论关注者寥寥,未给予应有的重视。社会系统理论作为卢曼的代表性理论之一,以其独特的理论视角和深刻的社会洞察力被认为是社会学领域的革命性发展之一,广泛应用于经济、法律、科技、教育等领域并产生了深远影响。在此,笔者就该理论的内涵及其与翻译活动的关系,做简要的介绍。

(一) 社会系统理论的发展脉络

基于对现代社会的深入观察与思考,卢曼建构了一套百科全书式的社会系统理论,给人们带来了新的理论视角和启迪。其社会系统理论的发展,大致可归纳为三个阶段:

第一阶段:帕森斯社会学理论的继承

塔尔科特·帕森斯(Talcott Parsons)是美国著名的社会学家、现代结构功能主义理论的集大成者,对之后社会学理论的发展产生了重大影响。其理论的起点在于描述社会系统中社会行动和社会秩序如何作用于群体内人的行为。随着思想的发展,帕森斯构建出一套宏大的、包罗万象的行动系统理论,将社会行动划分为四个子系统:文化系统、社会系统、人格系统和有机体系统。② 同时,帕森斯认为,行动系统的四个子系统具有四种不同的功能:第一,适应功能,保证系统适应环境并从中获取所需资源,使系统得以生产和发展;第二,目标达成功能,确定系统目标及目标次序,并调动资源以实现目标;第三,整合功能,使系统内在各部分相互协调,形成具有一定功能的整体;第四,潜在的模式维持功能,确保各单元在系统中积极扮演自身角色,并依据规

---

① Denise Merkle, "Translation constraints and the 'sociological turn' in literary translation studies", in Anthony Pym, Miriam Shlesinger and Daniel Simeoni, eds. *Beyond Descriptive Translation Studies*, Amsterdam/Philadelphia: John Benjamins Publishing Company, 2008.

② [美]乔纳森·特纳:《社会学理论的结构》,邱泽奇译,华夏出版社2001年版。

范和秩序参与系统运行,以维持原模式的存在。在四个子系统中,社会系统位于核心地位,其他三个系统是社会子系统的环境。

帕森斯的结构功能主义理论强调现代社会的高度复杂性和社会系统的现存结构及运行秩序,为社会学理论研究打开了一个新视角。但是,帕森斯主要关注有助于维持系统存在与社会平衡的因素与过程,在其体系中并没有为社会冲突或社会变革留太多余地,一定程度上忽视了对社会系统具有威胁甚至破坏作用的因素。正因如此,帕森斯的理论被认为过分保守和乐观,难以对社会发展变迁做出有效解释。卢曼也充分认识到该理论的不足,他指出,若以结构存在为前提,便预设了社会秩序的存在,故常常无法解释社会冲突和变迁问题。而且,帕森斯在试图回答"社会秩序如何可能"时,忽略了对更为根本的问题——"社会如何可能"的追问。① 但是,卢曼并没有全盘否定帕森斯的理论,而是在维持功能分析的基础上,对其进行修正。卢曼认为,对于系统来说,不是结构决定功能,而是由功能运作产生系统结构,即把结构与功能的基础位置进行了互换。在修正帕森斯理论的基础上,卢曼开始了对社会系统理论建构的漫长探索。

第二阶段:系统与环境关系的区分

20世纪60年代至70年代初,随着一般系统论的快速发展,卢曼在开放系统理论的基础上,对系统与环境的关系进行了主导性区分,为其理论建构提供了全新的视野。在传统的系统理论中,主导性区分一直是整体与部分间的区分,把系统视为由部分构成的整体,并将整体与部分的关系作为研究重点。然而,这一模式集中于系统内部的运行关系,忽视了系统与外部的互动,难以有效解释系统的存在和真实的运行状态。因此,传统的封闭系统理论逐渐被开放系统理论取代。贝塔朗菲作为开放系统理论的倡导者,特别强调系统的整体性和开放性。他认为系统内部和外在环境交互开放,系统可以借由与其环境的交换过程发展出一种动力,并且能按当时的条件变化其状态,同时两者并不存在直接的因果关系,系统在环境改变时调整自身内部组织,而

---

① 高宣扬:《卢曼社会系统理论与现代性》,中国人民大学出版社2005年版。

不是受外界因果限制着及单线地被规定。①

在卢曼看来,系统只有在与环境的关联中才能被建构起来,系统理论所关注的应该是系统与环境的关系,而不仅仅是系统内部的问题,需要以系统和环境的区分代替整体与部分的区分。他指出,"系统概念仍然是被传统地界定为将部分内在地整合到一个整体中的一种关系网络。但是,最近的系统理论逐渐抛弃了部分与整体的这一传统观念,而考虑系统与环境之间的相互指涉。……依据这种新的系统概念进行系统建构的重要意义不在于将部分内在地整理为一个整体,而是关注系统与外部环境的关联"②。

系统与环境关系的区分是卢曼社会系统理论的重要内容之一,为社会系统内部分化、社会与其他系统类型等观点的提出奠定了基础。值得说明的是,系统与环境的关系区分最初是作为开放系统理论被引入卢曼的社会系统理论中的,此后他用自我创生理论取代了开放系统理论模型,但是这一区分一直作为其理论的主导区分被保留下来。

第三阶段:自我创生理论的引入

1984年,卢曼发表了《社会系统》一书,该书在卢曼社会系统理论发展中占有十分重要的地位,标志着其研究对象深入社会各专业领域的运作原则,以及理论内在立场的转变,即对自我创生理论的引入。③

自我创生理论是20世纪70年代生物学家温贝托·马图拉纳(Humberto Maturana)和弗朗西斯科·瓦列拉(Francisco Varela)所创立的神经生物学理论。二人认为生命系统具有自我生产的特质,比如,细胞能够通过对自身构成要素的生产而生产细胞自身,为此他们创造了"自我创生系统"一词来说明生命系统自我生产的特质。具体而言,自我创生系统是指"那些被界定为统一体的、要素生产网络的系统。通过要素的互动,循环实现要素生产和构成

---

① [美]冯·贝塔朗菲:《一般系统论:基础、发展和应用》,林康义等译,清华大学出版社1987年版。
② Niklas Luhmann, *The Differentiation of Society*, New York: Columbia University Press, 1982.
③ 高宣扬:《卢曼社会系统理论与现代性》,中国人民大学出版社2005年版。

网络,并且在它们存在的空间里作为参与网络实现的要素构成该网络的边界"①。这种新认识对卢曼的理论发展具有极为重要的意义。在马图拉纳和瓦列拉的基础上,卢曼将自我创生的概念提升到更为抽象的层次,他认为,自我创生的概念并不限于生命系统,精神系统和社会系统也可被视为自我创生的系统。为此,卢曼特别强调了自我创生中自我指涉的封闭,"以生命作为自我再制系统的自我再生产的一种模式,这使得自我再制理论并未真正达到一般系统理论的层次,该层次会将大脑、心理系统及社会系统、社会及短期互动等事物包含在内。从这个观点看,有生命的系统只是一种系统的特殊类型。然而,如果我们走到生命这个概念的更加抽象的层次,而把自我再制界定为运用自我指涉封闭性之系统型构的一般形式,那么我们便必须承认有非生命的自我再制的系统,有不同的自我再制的再生产模式,以及有自我再制组织的一般原则。而且这些组织也在其他的循环或自我再生产的模式中成形为生命"。也就是说,无论何种类型的系统,只要能够达到自我指涉的封闭程度,都可以被认为是自我创生系统。此外,对社会系统来说,自我创生性质是通过沟通实现的,沟通是社会系统自我创生再生产的特定模式。

基于以上分析可知,卢曼的社会系统理论,与许多思想家一样,经历了漫长而复杂的发展过程。为建构其理论体系,卢曼广泛吸收和借鉴自然科学与社会科学的研究成果,并将它们融入自己的研究中。同时,卢曼也不断反思自己的观点,并在新的理论指导下进行修正。正因如此,卢曼的社会系统理论呈现出高度综合性和发展性的特质,我们必须将其与相关理论渊源结合,以便充分理解由这些异质概念所编织成的理论之网。

(二) 社会系统理论与中国翻译活动

对于一个试图提供一幅社会全方位图景的社会学家来说,在国际交流与合作日益密切的现代社会,翻译是一个不可回避的领域。如前文所述,卢曼

---

① Humberto Maturana, "Autopoiesis", in Milan Zeleny, ed. Autopoiesis: *A Theory of Living Organization*, New York: North Holland, 1981.

将社会理解为功能分化的系统,而翻译则是社会系统的子系统之一。借助社会系统理论将翻译视为一个系统进行研究,有助于重新认识翻译活动及其与社会的关系,同时开启了探究策略发展的可能性,克服了过分简单化的线性因果模型所具有的弊端。① 那么,对翻译活动而言,卢曼的社会系统理论与翻译活动到底存在哪些理论契合呢?

首先,在社会系统理论中,社会是通过交往运行而生产交往的自我创生系统,那么翻译也可以被看成是一个自我指涉、自我创生的系统。卢曼指出,系统应具备三个特征:自我指涉、自我生产和自我存在。翻译系统之所以是系统也在于其具有这三个特征。翻译是一个独立存在的系统,一个能够自我组织、自我界定、自我保持和自我再生的系统。② 在翻译系统中,主要构成要素是翻译活动和翻译话语,无论是翻译活动的开展还是翻译话语的沟通,都会指向已有的翻译活动和翻译理念。例如,判断某种活动是否属于翻译活动,讨论某个文本是否属于翻译文本,这种判断和讨论离不开对先前已被接受的翻译活动或翻译文本的回指,并影响对将来翻译的期待。翻译总是在这样的回指和期待的过程中产生,实现了翻译系统的自我创生。

其次,社会系统理论对沟通的重视是翻译活动发展的重要理论支撑。沟通包含信息、告知以及理解三个阶段,三者构成沟通事件。沟通事件旋生旋灭,无法积累,一个事件衔接另一个事件,社会系统便是在这种动态交往中自我再生。因此,社会系统不是由人、行动,而是由沟通构成的。同理,作为社会系统下的一个功能子系统,翻译系统也属于沟通系统的一种,翻译的自我创生是通过翻译沟通事件的再生产实现的。所谓翻译沟通事件,是指沟通事件的一种特例,是由两个沟通事件构成的,③具体可分为"原语信息→原语告知→译者理解→译语信息→译语告知→读者理解"六个阶段。其中,理解是

---

① Sergey Tyulenev, *Applying Lumann to Translation Studies: Translation in Society*, New York & London: Routledge, 2012.
② Theo Hermans, *Translation in Systems: Descriptive and System-oriented Approaches Explained*, Manchester: St. Je rome Publishing, 1999.
③ Sergey Tyulenev, "Is Translation an Autopoietic System?", *Mon TI*, Vol.2, 2010.

翻译活动的核心,也是翻译研究一直想要破解的"黑匣子"。翻译过程是从原文系统自我指涉式的理解,到译文系统的自我生成,核心过程是中间的双语转化阶段,即意识中英语系统和汉语系统的沟通。这无疑反映了沟通在翻译活动中的核心价值,也彰显了翻译研究重视译者社会性和翻译沟通功能的重要意义。

翻译研究是一门年轻的学科,通过不断汲取不同学科思想成果而茁壮成长,社会学便是其最新的理论来源之一。作为当代德国最重要的思想家之一,卢曼的社会系统理论是当今社会学积极关注的理论前沿,广泛地穿行于各学科领域间,并展现出强大的影响力与生命力。把社会系统理论引入翻译研究,是基于社会学视角对翻译研究的一次拓展性尝试,有助于中国当代翻译研究理论建树,并为中国翻译活动发展提供新的助力。

五、中国社会翻译学理论的萌芽

翻译高潮的出现往往伴随着翻译理论的发展。如果说前三次翻译高潮并没有形成系统的中国翻译理论,那么第四次翻译高潮则是中国翻译理论构建的重要契机,也确立了中国翻译学学科的地位。

张佩瑶指出,中国的翻译理论其实并不具备西方翻译理论的现代意义特征:逻辑性、客观性、可验性、系统性、预见功能和解释功能,但不能就此否定中国翻译理论的存在价值和独特面貌,所以建议使用"翻译话语系统"替代"翻译理论"这个具有强烈西方色彩和排他性的词,以达到兼容并蓄、全面客观地看待中国传统译论的目的。[①] 许多翻译研究学者(罗新璋、张佩瑶、穆雷等)认为,中国翻译理论应该包含传统翻译理论和现代翻译理论两个部分,这两部分并不是时间上承接的关系,而是两个并行发展的分支。中国传统翻译理论从佛经翻译至今仍然走着自己的特色之路,而中国现代翻译理论是改革开放之后才发展起来的,从对国外翻译理论的译介开始,中国翻译研究领域

---

① 张佩瑶:《对中国译学理论建设的几点建议》,《中国翻译》2004年第5期,第3—9页。

的学者逐渐回归学术本质,对翻译研究本身及研究对象进行理论探索。① 但是,改革开放之后的翻译研究存在着紧跟西方译论研究风向之嫌,并未提出太多自己的翻译理论,而只是照搬照抄、反复借鉴西方理论,导致中国翻译理论发展无法有新的突破。2009 年,罗新璋在《东方翻译》创刊号上发文呼吁重视发掘古代翻译思想,中国译学的未来离不开对传统译论的发扬,可以借用西学之法来发展中国特色的翻译理论,"求诸本源,自出新义"。

改革开放之后,中国翻译学界大量引进西方翻译理论著作、介绍西方译学思想,这相对于本土译论更具有现代意义上的科学逻辑性,虽然有掩盖中国传统译论之势,然而其积极意义也是不可否定的。正如谭载喜所说:"外来翻译理论和思想的影响,可以是一种正面影响,它拓宽了我们的译学视野,带动了我们对于翻译问题的创新思考,在较短的时间里促成了中国翻译研究的现代化,并推动了中国翻译学的持续向前发展,因此值得我们充分肯定。"②

谭载喜认为,中国翻译研究作为独立学科自主发展是在 1980 年,因为这一年发行了《中国翻译》期刊的前身《翻译通讯》,翻译理论工作者自此有了研讨翻译问题的专业理论园地。事实上,《翻译通讯》早在改革开放之前就已创刊,那时的名称是《翻译通报》,其"唯一的功能就是发布翻译计划,以免译本重复,浪费人力物力"③。相比之下,复刊之后的《翻译通讯》在改革开放浪潮的推动之下,给予了翻译理论工作者更多的发言权和创新机遇,这才有了中国翻译研究发展的自主之路。不久之后,《翻译通讯》于 1986 年改名为《中国翻译》,成为中国翻译研究的重要学术刊物。1987 年连续召开了两次全国性的翻译研讨学术会议,分别是:1987 年 5 月的研究生翻译理论研讨会和 1987 年 7 月的全国翻译理论研讨会。1987 年 5 月的研究生翻译理论研讨会首次召集全国范围内的研究生,以翻译理论探讨为会议主题,"改变了以往重

---

① 屠国元:《西方现代翻译理论在中国的传播与接受中国翻译》,《中国翻译》2000 年第 5 期,第 15—19 页。
② 谭载喜:《中国翻译研究 40 年:作为亲历者眼中的译学开放、传承与发展》,《外国语》2018 年第 41 卷第 5 期,第 6 页。
③ 李春:《〈翻译通报〉与建国初的翻译改造》,《文艺理论与批评》2016 年第 4 期,第 56 页。

翻译实践轻翻译理论的局面,……成为中国翻译研究是否需要理论指导的分水岭",同时也激发了中青年翻译研究人才的工作热情。1987年7月的全国翻译理论研讨会更是吸引了大批翻译研究学者和青年学子,讨论的问题涵盖了翻译理论研究的方方面面,将国外译学研究与传统译学研究有机结合起来,试图探索出一条有特色的中国翻译学发展道路。当时参会的许多青年学子之后"走上了理性思考和科学探索的轨道",成为至今仍活跃在中国翻译研究前沿阵地的专家学者,如北京大学的辜正坤、北京外国语大学的王克非、南京大学的许钧等。"可以说,首届全国研究生翻译理论研讨会和第一次全国翻译理论研讨会是中国的翻译研究和翻译学学科建设的一块里程碑,是中国的翻译及翻译理论研究开始腾飞的标志。"①

新中国成立以来,中国引进的外国翻译理论呈现以下三个特点:第一,理论来源从英国、美国扩大到法国、德国和其他国家。第二,引进的内容丰富多样,从语言学派翻译理论、文化翻译研究、功能学派翻译理论,到社会语境、意识形态和权力话语等影响因素的研究成果。第三,相较于中国传统译论常用的基于价值判断的规定性研究方法,外国翻译理论研究方法更灵活多样,包括:"探索性研究、描述性研究、预测性研究、解释性研究、评估性研究和行动研究,……实证主义方法论指导下的文献法、历史法、观察法、比较法、归纳法、调查法、实验法、访谈法和其他技术(包括计算机技术)"②。随着这些外国翻译理论的引入,国内研究者逐渐熟知其理论范式和方法特点,并在外国译论基础上结合国内翻译实践进行了新的探索。虽然有学者批判"目前中国国内的翻译研究大多是用中国的现象对西方翻译理论概念的有效性进行验证,成了用中国的本土材料佐证西方理论的现象"③,我们依然可以看出西方译论的引入对中国翻译学学科创立和翻译研究的科学性、系统性具有积极促动的作用。事实上,正如许钧等指出,"国外翻译研究的发展牵引着国内翻译研究的走向。改革开放以来,国内翻译研究发生过数次转向:语言学转向、

---

① 许钧、穆雷:《中国翻译研究:1949—2009》,上海外语教育出版社2009年版,第26页。
② 许钧、穆雷:《中国翻译研究:1949—2009》,上海外语教育出版社2009年版,第249页。
③ 刘军平:《西方翻译理论通史》,武汉大学出版社2009年版,第5—6页。

文化转向、语用转向、社会学转向,乃至现在的伦理转向,这些转向无一不是在西方翻译研究的影响下形成的。随着文化国际化和本土化进程的加深,中国的翻译研究也必将和外国翻译研究融合在一起,形成既有我们自身特色,又难分你我界限的研究潮流"①。

作为不同于中国传统翻译思想的异域元素,国外翻译理论"向我们提供了理论化翻译的不同范式和途径,从而触发国人对于翻译迷思的不同于以往的、较深层次的思考"②。同时,中国翻译研究者也在不同参照系下开始了对中国翻译研究发展方向的反思,不少学者提出了构建中国译论话语体系的主张,认为中国翻译学界基本过了对西方译学基本理论的初步介绍阶段,甚至已经超越批判阶段,逐渐进入自成体系的深入研究阶段。③ 如果说1978年之后发表的"多元互补论"④"文化中心转移论"⑤"竞争说"⑥"优化论"⑦等理论性尝试只是在以往译者的感性经验总结上进了一小步,那么由上海译文出版社出版的《译学新论丛书》,就收录了一批在批判和继承西方译学思想基础上形成的中国现代译学思想。例如,吴志杰在借鉴西方翻译理论及其术语概念的基础上,提出具有独特中国含义的"意""诚""心""神""适"五个维度,对中国传统翻译学说的语言属性、伦理属性、思维属性、审美属性和文化属性进行了系统分析和阐释,建立了中国传统译论"翻译之花"的话语体系。⑧ 显然,中国翻译研究者在吸收和借鉴西方翻译理论的基础上,已经开始自觉探寻中国译论的发展道路,力求在中西译学相互阐发的过程中实现中国传统译学的现代转换和中国新译学的可持续发展。

王宏印曾提出,"社会翻译学的建设,其要害和弱项既不在于个案的微观

---

① 许钧、穆雷:《中国翻译研究:1949—2009》,上海外语教育出版社2009年版,第249页。
② 谭载喜:《中国翻译研究40年:作为亲历者眼中的译学开放、传承与发展》,《外国语》2018年第41卷第5期,第6页。
③ 王宏印:《新译学论稿》,中国人民大学出版社2011年版。
④ 辜正坤:《翻译标准多元互补论》,《中国翻译》1989年第1期,第16—19页。
⑤ 季羡林:《西方不亮东方亮》,《中国文化研究》1995年第4期,第1—6页。
⑥ 叶君健:《翻译也要出精品》,《中国翻译》1997年第5期,第95—96页。
⑦ 许渊冲:《新编千家诗》,中华书局2000年版。
⑧ 吴志杰:《中国传统译论专题研究》,上海译文出版社2009年版。

层次,也不在于理论的宏观层次,而恰恰在于中间层次,即利用或寻找扎实可靠的社会学分析框架,将其纳入典型的翻译活动,进行有效结合式的研究,非综合研究,也不是资料研究和框架的分开研究"。[①]

我们想要取得翻译理论创新,应着眼于社会问题,了解各种社会实践对翻译的要求,以及翻译发挥其社会功能的机制与条件。正如翻译具有历史性一样,翻译理论同样是具体时代的产物。新时代的翻译理论将主要来自我们对这一时代的社会问题的关切。

新中国成立以来翻译活动不断发展,现在翻译实践和理论不再是自行其是的"两张皮",翻译理论研究必须以完善翻译实践、培养翻译人才、规范翻译市场为目的。中国外文局副局长黄友义曾说,"改革开放30年成就了中国翻译事业的大发展和大繁荣,而翻译事业作为服务于改革开放的先导力量,也为促进新时期日新月异的现代化建设发挥了重要作用"。[②] 当前中国正在进行的大规模、大范围的翻译实践活动,亟须得到符合其发展特点和发展规律的理论指导。中国的翻译事业发挥着重要的时代功能,其健康持续的发展对中国社会各领域都将产生重大影响。

[①] 王宏印:《译苑以鸿,桃李荫翳:翻译学论著序言选集》,南开大学出版社2018年版,第504页。
[②] 覃军、向云:《译心·译意·译味》,武汉大学出版社2017年版,第8页。

第三章

中国传统优秀文化传承创新与传播互鉴机制研究

中国特色社会主义进入新时代,中国社会的主要矛盾已经发生了重大变化,党的十九届五中全会开启了全面建设社会主义文化强国的新征程。

一、中华传统文化的丰富内涵

本部分主要从理论上阐释中国现当代优秀文化外译与传播的基本理论内涵、时代意蕴、构成要素和逻辑结构,并结合当前社会主义文化建设的时空环境、背景和过程,论述构建中国现当代优秀文化外译与传播模式对建成中国特色社会主义文化强国的时代意义与价值。

2020年10月,《中共中央关于制定国民经济和社会发展第十四个五年规划和二〇三五年远景目标的建议》指出,到2035年要建成"文化强国",并提出"坚持马克思主义在意识形态领域的指导地位,坚定文化自信,提高国家文化软实力"。随着全球化趋势深入,世界日益成为一个普遍联系、相互依存的有机整体,不同国家、民族间的文化交流、交融、交锋愈加密切,文化的地位更加凸显。促进中华文化域外翻译与传播,推动中华文化"走出去"是增强国家文化软实力、建设社会主义文化强国的必然要求。在这一过程中,以社会主义核心价值观为引领的中国现当代优秀文化外译与传播研究承担着推动中华文化"走出去"的时代使命。

(一) 社会主义核心价值观的内涵要素

党的十八大提出了二十四字社会主义核心价值观：富强、民主、文明、和谐；自由、平等、公正、法治；爱国、敬业、诚信、友善。这高度凝练的二十四字既是习近平新时代中国特色社会主义思想的重要组成部分，也是马克思主义中国化的最新理论成果。社会主义核心价值观作为一种特殊的文化价值形态，可从国家、社会和个人三个层面理解。《关于培育和践行社会主义核心价值观的意见》明确指出："富强、民主、文明、和谐是国家层面的价值目标，自由、平等、公正、法治是社会层面的价值取向，爱国、敬业、诚信、友善是公民个人层面的价值准则。"习近平总书记曾对社会主义核心价值观的内涵做过如下阐释："中国古代历来讲格物致知、诚意正心、修身齐家、治国平天下。从某种角度看，格物致知、诚意正心、修身是个人层面的要求，齐家是社会层面的要求，治国平天下是国家层面的要求。我们提出的社会主义核心价值观，把涉及国家、社会、公民的价值要求融为一体，既体现了社会主义本质要求，继承了中华优秀传统文化，也吸收了世界文明有益成果，体现了时代精神。"[①]在国家层面，"富强"是社会主义核心价值观的首要价值目标，也是社会主义现代化建设的基本价值目标。国家富强是实现中华民族伟大复兴中国梦的物质基础和重要保障。"民主"作为社会主义现代化国家政治建设的价值目标，是中国共产党人的不懈追求，也是社会主义始终高扬的旗帜。"文明"是国家发展的精神动力，集中体现社会主义先进文化的前进方向和社会主义精神文明的价值追求。"和谐"是中国特色社会主义的本质属性，社会主义和谐观不仅包含社会关系的和谐、人与自然的和谐，还包含国际关系的和谐稳定。在社会层面，"自由"是社会主义的价值理想，不仅涵盖政治权利和自由，还为社会上的每个人提供自我发展、实现自我价值的权利和机会。"平等"是社会主义的本质要求，不仅表现为人民在政治和法律层面实现平等的权利，还体现在经济层面的生产

---

① 习近平：《青年要自觉践行社会主义核心价值观》，《人民日报》2014年5月5日第2版。

资料公有制,使人民共同分享社会发展的成果,让人民当家作主。"公正"是人类社会文明的基本价值,是社会主义制度的内在要求,也是当代中国最切实的价值目标和价值承诺。① "法治"是治国理政的基本理念,将法律作为最高准则来治理国家和社会,任何人都要遵守法律法规,不可凌驾于法律之上。在个人层面,"爱国"是民族精神的核心,它体现在人民对国家的历史、地理、文化与个人价值的统一性上。中国人充分肯定国家发展的成就,对中国特色社会主义的理论、道路、制度和文化充满自信。"敬业"体现了人们对于工作和职业的热爱,以及勤勉努力、尽职尽责的道德操守。"诚信"是道德的基石,"诚"是真实和诚恳,而"信"则要求人们履行自己的承诺。"友善"是待人平等、待人如己、待人宽厚、助人为乐,只有这样才有利于社会和谐发展。

  科学把握社会主义核心价值观的基本特征,有助于我们深入认识其科学内涵和精神实质、凝聚建设正能量,是我们增强理论自信心的迫切需要。习近平总书记在党的十九大报告中指出:"社会主义核心价值观是当代中国精神的集中体现,凝结着全体人民共同的价值追求。"政治性与科学性是社会主义核心价值观的本质属性,也是社会主义核心价值观的主要特征。它彰显了中国特色社会主义的制度理念,体现了社会目标和价值追求,是社会主义核心价值观的个性所在。可以说,作为社会主义核心价值体系的基本内容,社会主义核心价值观是社会主义意识形态的具体体现。社会主义核心价值体系和核心价值观内在一致,都体现了社会主义意识形态的本质要求,体现了社会主义制度在思想和精神层面的质的规定性,凝结着社会主义先进文化的精髓,是中国特色社会主义道路、理论体系和制度的价值表达。同时,社会主义核心价值观坚持以科学的世界观和方法论为指导,反映了社会主义社会对人类社会发展规律的深刻认识,因而也具有一定的科学性和真理性。

  社会主义核心价值观作为社会主义国家的基本价值遵循,具有鲜明的人民性。从根本上说,人民性是由社会主义国家的指导思想——马克思主义所

---

① 李萍、浦玉忠、薛建飞:《社会主义核心价值观的根本内涵界定》,《福建论坛((人文社会科学版))》2014年第10期,第164—169页。

决定的,主要体现在价值主体、价值目标、价值评价三个方面。价值主体方面,"发展依靠人民,发展由人民共享"。贫穷和两极分化与社会主义是根本不相容的,只有走共同富裕之路,才能体现社会主义社会的真正本质。价值目标方面,"一切着眼于为人民谋利益"。以人为本,人民利益至上,一切从人民的利益出发,全心全意为人民服务,是社会主义核心价值观的精义所在。价值评价方面,毛泽东曾高度强调了人民利益的至上性。"人民,只有人民,才是我们价值工作的最高裁决者。""共产党人的一切言论行动,必须以合乎最广大人民群众的最大利益,为最广大人民群众所拥护为最高标准。"[1]社会主义核心价值观还具有浓郁的民族性与开放性。中华文明绵延数千年,积淀形成了具有鲜明特色的优秀传统文化,是中华民族生生不息的文化基因,植根在中国人内心,潜移默化地影响着中国人的思想方式和行为方式。社会主义核心价值观的形成必须是马克思主义的普遍真理与中华民族的优秀传统相结合,只有植根于中华民族文化的深厚土壤,广泛汲取中华传统文化的精华,它才能时刻闪耀着民族精神的光辉。[2] 同时,它也一直保持着开放包容的特性。正如习近平总书记所言:"对人类社会创造的各种文明,我们都应该采取学习借鉴的态度,都应该积极吸纳其中的有益成分。"[3]社会主义核心价值观是对民族精神和文化传统的继承和发扬,也是对人类优秀文化的汲取和学习,是民族性与开放性结合的结果。[4] 社会主义核心价值观是国家和社会在实践中不断体认和反思的结果,既是全面建成小康社会进程中的重大理论成果,也为全面建成小康社会提供价值引领,是实现全面建成小康社会目标的推动力量;既是对人类社会实践普遍规律的总结,也是对社会主义在新时

---

[1] 姚红艳:《人民性:社会主义核心价值观的本质特征》,《道德与文明》2012年第6期,第99—102页。
[2] 倪素香:《论社会主义核心价值观的基本特征》,《学校党建与思想教育》2017年第9期,第4—7页。
[3] 习近平:《在纪念孔子诞辰2565周年国际学术研讨会暨国际儒学联合会第五届会员大会开幕式上的讲话(2014年9月24日)》,《光明日报》2014年9月25日第2版。
[4] 倪素香:《论社会主义核心价值观的基本特征》,《学校党建与思想教育》2017年第9期,第4—7页。

代发展的呼唤,充分展现了习近平社会主义核心价值观思想广泛的实践性与时代性相统一的特征。①②

概言之,社会主义核心价值观不仅彰显了中国特色社会主义的制度理念,还蕴含着以人为本的科学性。它扎根于中华民族文化的深厚土壤,广泛汲取中华传统文化的精华,同时学习、借鉴各种先进的文明,在国家和社会发展的过程中通过不断地反思与实践,永葆生机。社会主义核心价值观作为马克思主义中国化最新成果,体现了其政治性、科学性、人民性、民族性、开放性,以及时代性的鲜明特征,构成了科学严整的社会主义核心价值体系。

(二) 社会主义核心价值观的文化要素研究

价值观与文化有着密不可分的联系。文化即人化,广义的文化是指人类在社会化过程中创造出来的物质财富和精神财富的总和。文化孕育着时代的精神,蕴含着鲜明的价值内涵和价值导向,是价值观的存在形式。社会主义核心价值观是文化中最深层次、最为核心的要素,是文化的精髓和灵魂。学界对于社会主义核心价值观文化要素的研究主要集中在两个方面:一是对社会主义核心价值观与中华优秀传统文化的研究;二是对社会主义核心价值观与文化自信的研究。

社会主义核心价值观在国家、社会、个人三个方面进行提炼和归纳,揭示了社会主义的内在需求,传播和弘扬了中华优秀传统文化。在过去的五千多年间,中华民族积累了丰富的文化,中华优秀传统文化历久弥新,是建设社会主义核心价值观的源泉。社会主义核心价值观的建设有很多精神因素和文化因素来自中华优秀传统文化,习近平强调,要对中华优秀传统文化中崇正义、守诚信、求大同和重民本等元素进行有效挖掘,将其融入时代价值中。基于此,社会主义核心价值观对中华传统价值观的传承成为学界研究的重点。

---

① 倪素香:《论社会主义核心价值观的基本特征》,《学校党建与思想教育》2017 年第 9 期,第 4—7 页。
② 黄蓉生、石海君:《论习近平社会主义核心价值观思想的鲜明时代特征》,《学校党建与思想教育》2018 年第 1 期,第 16—21 页。

房广顺和隗金成指出,社会主义核心价值观与中华优秀传统文化相契合是历史逻辑的必然,其内在本质为二者的契合奠定了科学性基础、价值性源泉和开放性前提,并使二者的契合体现出民族性与世界性相统一、先进性与大众性相统一、现实性与超越性相统一、理论性与实践性相统一、传承性与创新性相统一等特点。① 孙兰英等认为,传统价值观是核心价值观的基础之所在,是后者在现代生根的条件。在中国的历史文化中,包括儒家的传统文化,以及以"仁义礼智信"为核心的价值观体系,确保了中华民族能够在一次次磨难中稳定向前发展,并由此形成了中华民族独一无二的民族文化心理。② 关于社会主义核心价值观对中国传统价值观的转化,张秀峰等指出,意识必须适应时代的发展,它既是社会发展的反映,也是社会具体发展的表现,在传统价值观的基础上衍生出以人为本、以道德为主导、以和谐为主要内容的核心价值观,充分证明了核心价值观从传统价值观上得到了很多的启示。③ 顾萍认为,构建和践行社会主义核心价值观的前提是人们对传统价值观有着充分的认同感,如今中国的核心价值观,应该吸纳中华传统文化和美德中的一些内容和元素。比如,儒家、道家、释家中的精髓,即便到了今天也是有营养的,可以作为核心价值观的内容。这些文化精髓历经千年的验证,其精华早已经深入华夏民族的基因中,得到了中华民族的认同,是当代核心价值观的根基所在。④ 李亚琼认为,传统价值观为核心价值观的构建提供了理论基础。详细来说,核心价值观是从个人、社会、国家和自然等角度进行研究,同时兼顾时代特征,延续了传统价值观包含的部分内容,并在此基础上进一步创新所产生的。⑤ 由此可见,中国传统价值观是中华民族应该遵循的价值理念,社会主

---

① 房广顺、隗金成:《社会主义核心价值观与中华传统文化的契合性》,《马克思主义研究》2015年第10期,第98—109页。
② 孙兰英、周星:《试论社会主义核心价值观的传承和发展》,《思想教育研究》2015年第9期,第25—29页。
③ 张秀峰、王运萍:《哲学视域下的社会主义核心价值观》,《山西高等学校社会科学学报》2010年第22卷第10期,第87—90页。
④ 顾萍:《儒学价值观与社会主义核心价值观建设研究》,博士学位论文,东南大学,2016年。
⑤ 李亚琼:《新时代社会主义核心价值观对中国传统价值观的继承与发展》,《法制与社会》2018年第21期,第110—111、127页。

义核心价值观对其予以有效的转化,转化的前提是对中国传统价值观的认同。

社会主义核心价值观并不是继承传统价值观的所有内容,而是提炼出精华部分,并融合时代特征对一些内容进行超越与发展,坚持辩证唯物主义及历史唯物主义,客观、理性地在摒弃糟粕的基础上进行继承和转化。将当前时代的内涵和传统价值观相融合,使其具备与时俱进的表达方式,为传统价值观注入强劲的动力。白洁将社会主义核心价值观对中国传统文化的超越归纳为方法途径与思想内容两个方面。[1] 田海舰和田雨晴提出,社会主义核心价值观的发展必须借鉴传统社会培育价值观的基本经验,一是确立行政保障机制,对民众实行价值引导;二是构建儒学教育体系,对民众实行价值教育;三是发扬儒生学术,推动民众价值传承。中国传统社会培育核心价值观的启迪有:植根于传统文化有助于社会核心价值观赢得民众的广泛认同;政府行为对社会主义核心价值观的确立具有权威效应;核心价值观的选择、超越必须适应社会发展要求、符合广大人民群众意愿。[2] 商志晓探讨了中华传统文化的创造性转化和创新性发展。他认为,现代社会的生活方式和生产方式与传统社会相比发生了天翻地覆的变化。怎样将传统的价值观转变为当代社会的规范标准,适应新时代的发展?答案就是应对传统价值观予以创造性的转化和发展。[3] 所谓"创造性转化",是指中华传统文化的现代转型,包括在理念、内容、表达、形式等各层面。一是以"现实"为尺度,按照当今时代的要求、现实社会的标准、当代中国人的思维进行转化;二是以服务现实为旨归,力求与现代社会接轨、与民众需求吻合,为今天所用、为现实所用;三是以创造性为特征,不是简单的搬运、移植,必须有新生、新造之韵,体现新蕴含、新样式。陈秉公认为,在创造性转化的过程中,我们不能单纯照搬传统价值

---

[1] 白洁:《试析社会主义核心价值观的传统文化意蕴》,《创新》2013年第7卷第2期,第39—42、127页。

[2] 田海舰、田雨晴:《中国传统文化价值观与社会主义核心价值观的培育》,《河北大学学报(哲学社会科学版)》2015年第40卷第2期,第48—50页。

[3] 商志晓:《当代中国创新理论若干问题探析》,《东岳论丛》2017年第38卷第2期,第5—12页。

观的所有内容,应和新时代的内容、内涵相结合,也就是进行"革命性的变革"。①"创新性发展"是指对传统价值观中有意义、有价值的合理内容进行更新和完善,对原本没有的内容进行补充,不断拓展核心价值观的内涵范围。

2016年以来,文化自信研究受到了学界的高度关注,并与社会主义核心价值观研究形成共振。学者们围绕文化自信的概念内涵、依据来源、价值,以及培育路径进行了诸多研究。关于文化自信与核心价值观的关系,有学者指出,文化自信是对文化的一种态度,也是对文化的一种选择,在一定程度上反映着价值观,表达了文化主体对自身所处文化的理解、认知和判断,是一个国家、民族、政党对自身文化价值的充分肯定,对自身文化生命力的坚定信念。② 有学者认为,文化自信的实质与核心是价值观自信,即一个民族对自己的文化具有足够的信心和底气。对社会主义核心价值观的自信是文化自信最根本的体现,是文化自信的凝练与升华。③ 有学者认为,文化自信是文化主体对其文化的信赖和认可,是一个民族对自身文化的自我肯定和自我认同,即对民族文化价值及其生命创造力和自我发展前景的充分肯定、自觉坚信与执着坚守。④ 文化自信有两个层面,一是因国家综合实力、整体力量不断增强而产生的自信,这是文化自信的底色;二是因文化本身的繁荣而产生的自信,这是文化自信的本色。⑤ 关于文化自信的主要来源,有学者认为,文化自信不是无源之水,无本之木。它植根于中华民族肥沃的文化土壤,有马克思主义的理论指导,有中华优秀传统文化的历史积淀,有综合国力的物质支撑,有文化自觉的心理基础。⑥ 有学者认为,文化自信展现一个民族的精神风貌,树立文化自信是凝聚民族力量的根本要求。中国特色社会主义文化

---

① 陈秉公:《探索当代中国文化发展的现实道路》,《学术界》2017年第9期,第17—32页。
② 刘云山:《牢固树立文化自信价值观自信》,《杭州》2016年第13期,第7页。
③ 沈壮海:《文化自信之核是价值观自信》,《求是》2014年第18期,第41—42页。
④ 李永胜:《"红船精神"的历史价值与现实意义》,《渭南师范学院学报》2017年第32卷第19期,第22—26页。
⑤ 程惠哲:《新中国文化理论发展十论》,《人民论坛》2019年第30期,第18—20页。
⑥ 石文卓:《文化自信:基本内涵、依据来源与提升路径》,《思想教育研究》2017年第5期,第43—47页。

自信有三个来源,即中华优秀传统文化、革命文化和社会主义先进文化。①还有学者论述了文化自信的根基,强调制度优势是一个国家最大的优势,中国特色社会主义制度是实现社会主义现代化建设的根本保障,文化自信应建立在逐步成熟定型的中国特色社会主义制度的基础之上。具体而言,我国文化自信的制度优势体现在:中国共产党的领导,为文化建设奠定了坚实的政治基础;以人民为中心的制度取向,激发了人民群众的文化创造伟力;强大的自我完善能力,赋予了文化发展生机和活力。② 关于文化自信的价值意义,有学者指出,文化自信的时代价值和实践意义主要涵盖四种:文化自信是实现中华民族伟大复兴的精神动力,是培育和践行社会主义核心价值观的稳固基石,是社会主义文化大发展、大繁荣的必然要求,是应对意识形态领域斗争的有力武器。③ 有学者认为,文化自信为弘扬中国共产党文化思想做出了新的贡献,指明了建设文化强国的方向,奠定了人和社会自由全面发展的基础。④ 立足文化自信与文化自觉、文化创新、文化自强的关系。有学者认为,文化自信是一个民族对自身历史与现实创造力的充分肯定与笃定信仰,能够激发和增强主体新的创造激情与内在动力,是文化创新的原动力。面向中国特色社会主义新时代,坚定文化自信,推动文化创新与发展,对于实现中华民族伟大复兴、建设社会主义文化强国意义重大而深远。⑤ 关于文化自信的提升路径,有学者分别从当代中国发展、文化发展、中华文明的崛起以及汉语学术的崛起等角度分析了增强中国特色社会主义文化自信的具体途径。⑥ 有学者提出,提升文化传承及创新能力、文化整合及引领能力、文化传播及融合能力,打造既有鲜明特

---

① 马振清、杨礼荣:《中国特色社会主义文化自信的三个来源及其生成逻辑》,《河北学刊》2020年第40卷第2期,第201—206页。
② 段妍:《论中国特色社会主义文化自信生成的制度基础》,《晋阳学刊》2020年第6期,第11—15页。
③ 曲青山:《文化自信的时代价值和实践意义》,《百年潮》2016年第11期,第1页。
④ 赵付科、孙道壮:《习近平文化自信观论析》,《社会主义研究》2016年第5期,第9—15页。
⑤ 李永胜、张紫君:《文化自觉、文化自信、文化创新与文化自强》,《北京工业大学学报(社会科学版)》2019年第19卷第6期,第90—96页。
⑥ 刘建军:《论当代中国人文化自信的来源》,《文化软实力》2016年第1卷第1期,第49—53页。

色又被世界普遍接受的话语体系是提升文化自信的重要举措。[①] 有学者指出,在新的历史境遇下,可以从推进马克思主义中国化、推动传统文化的创造性转化和创新性发展、落实开放发展新理念,以及深化文化体制改革等方面提升文化自信,以持续发展铸就强大的文化软实力,建设社会主义文化强国。[②] 还有学者认为,培育文化自信需要构建文化自信的培育体系、创新文化自信的培育途径;坚持马克思主义在意识形态领域的指导地位,发挥社会主义先进文化的引领作用,弘扬革命文化;既要推动中华优秀传统文化创造性转化、创新性发展,又要以开放包容姿态积极吸收世界先进文化,推动中华文化走向世界,树立新时代中国特色社会主义现代化文化强国形象,让文化自信助力中华民族伟大复兴。[③]

(三) 社会主义核心价值观的话语体系研究

社会主义核心价值话语体系是文化软实力的灵魂,是当代中国凝聚社会共识、参与全球治理的文化名片,建构、翻译与传播具有丰富内涵及高理解度的核心价值话语是社会主义文化强国建设的重点。当下学术界对话语的研究集中在文学、语言学、公共管理学、修辞学等领域,思想政治教育的话语创新是近年来的研究热点,包括与新媒体、马克思主义大众化、主体间性以及高校等相关的思想政治教育话语研究。

1. 社会主义核心价值观话语的意识形态理论。语言学学者袁英在《话语理论的知识谱系及其在中国的流变与重构》一书中提出话语世界有别于作为符号系统的语言领域,它是作为交流工具的语言世界,其表达方式就是话语。[④]

[①] 薛秀军、代清霞:《文化自信:实现中华民族伟大复兴的强大精神支撑》,《东南学术》2016年第5期,第8—13页。

[②] 石文卓:《文化自信:基本内涵、依据来源与提升路径》,《思想教育研究》2017年第5期,第43—47页。

[③] 刘艳房、张春燕:《构建新时代文化自信的培育体系》,《河北学刊》2020年第40卷第6期,第214—220页。

[④] 袁英:《话语理论的知识谱系及其在中国的流变与重构》,华中师范大学出版社2013年版。

邱仁富在《思想政治教育话语论》一书中提出思想政治教育话语包括话语权力、话语描述、话语效果三个基本命题,是兼具教育属性和意识形态属性的交流符号。① 桑明旭认为话语是通过一定结构的语言符号传达思想、情感、意图的言语。纪程从政治变迁的视角分析了主流意识形态话语,在《话语政治——中国乡村社会变迁中的符号权力运作》一书中,以临沭县为例分析了阶级话语、国家话语、革命话语、多元话语、社会主义新农村话语等,总结了主流意识形态下国家权力与话语演进的关系。② 新闻行业学者彭湘蓉和李明德认为新闻话语是媒介组织运用语言等符号叙述与再现新闻事实的产物,而社会的政治制度、经济基础和历史文化条件决定了新闻话语"说什么""怎么说"以及"为什么说"。③

2. 社会主义核心价值观话语的内涵与构素。吴爱邦认为社会主义核心价值观话语是将社会主义核心价值观通过话语载体、媒介和中介传达与传播出去,使人们能够理解和认同话语内容,并自觉内化在行动中的一种话语理论。④ 刘勇认为,价值观话语是以语言符号为外在表现形式,以主流价值观为内在价值旨归的言说行为或行动。⑤ 方爱东和范世珍认为,话语主体、话语内容、话语阐释、话语传播是独立又相辅相成的话语要素。⑥ 王越芬和季宇认为,话语体系包括话语概念、话语逻辑、话语传播形式和话语表达形式。⑦ 从教育学的视角,倪松根将社会主义核心价值观教育话语划分为三个

---

① 邱仁富:《思想政治教育话语论》,上海交通大学出版社2013年版。
② 纪程:《话语政治——中国乡村社会变迁中的符号权力运作》,中国社会科学出版社2011年版。
③ 彭湘蓉、李明德:《移动传播时代新闻话语创新与主流意识形态建构》,《中州学刊》2017年第2期,第162—166页。
④ 吴爱邦:《社会主义核心价值观的话语创新及其意义》,《湖湘论坛》2017年第30卷第2期,第59—65页。
⑤ 刘勇:《当代中国主流价值观话语权的思想溯源与现实建构》,博士学位论文,安徽大学,2017年。
⑥ 方爱东、范世珍:《当代中国主流价值观话语权的生产机制》,《广西社会科学》2017年第2期,第132—136页。
⑦ 王越芬、季宇:《网络拟态环境下社会主义核心价值观话语体系建构》,《社会科学战线》2017年第7期,第271—275页。

要素,即作为语言、规范、语境的教育话语。① 王晖认为,社会主义核心价值体系是社会主义核心价值话语体系的基础,表达体系是话语体系的载体,传播体系是话语体系的渠道。②

3. 社会主义核心价值观话语体系的概念。韩庆祥和陈远章提出话语和话语体系是为话语权服务的,是话语权的基础。当代中国话语体系指当代中国哲学社会科学话语体系,包括对内对外两个方面。③ 唐润华和曹波认为话语体系是价值体系、知识体系和表达体系的结合。④ 张维为提出,中国话语体系应当是全面的、透彻的、强势的,包括学术话语、民间话语和国际话语,具有接地气、学术含量丰富、与外界沟通通畅,以及对话性、原创性等特点。⑤ 王越芬和季宇认为,社会主义核心价值观的话语体系是社会主义核心价值观理念所衍生出的概念诠释、术语解读、价值判断、规律指引和范畴整合等陈述系列的话语集合与思想体系。⑥

对社会主义核心价值观话语权的研究主要侧重于两个方面:第一,建立核心价值观国际话语权的意义在于扩大中华文化的国际影响力,夯实文化自信;第二,改善网络乱象和微交往导致的信息碎片化,需要构建核心价值观的网络话语权。杨雨林认为话语权从根本上来说是一种权力,为话语体系提供阵地保障、资金支持和人员配置。话语权包括议题设置权、提问权、论断权、批判权、标准权等权力。⑦ 史献芝和王永贵认为话语权是特定的行为主体通过特定的话语叙事范式来潜在影响并试图改变"他者"思想和行为选择的一

---

① 倪松根:《论社会主义核心价值观教育话语创新》,《学校党建与思想教育》2015年第13期,第15—17页。
② 王晖:《构建完善的核心价值观话语体系》,《人民论坛》2018年第32期,第132—133页。
③ 韩庆祥、陈远章:《建构当代中国话语体系的核心要义》,《光明日报》2017年5月16日。
④ 唐润华、曹波:《人类命运共同体视阈下中国对外话语体系的时代特征》,《现代传播(中国传媒大学学报)》2019年第41卷第7期,第33—37页。
⑤ 张维为:《文明型国家》,上海人民出版社2017年版。
⑥ 王越芬、季宇:《网络拟态环境下社会主义核心价值观话语体系建构》,《社会科学战线》2017年第7期,第271—275页。
⑦ 杨雨林:《马克思恩格斯意识形态"话语权思想"的内涵与引申》,《湖北社会科学》2018年第9期,第11—17页。

种隐性的能力或状态。[1] 毛跃提出国际话语权需要拓展内在逻辑,即价值观通过话语得以表达,还需要借助国际话语权的提升彰显中国文化软实力,突破现有的话语格局,创新话语体系,借鉴相关经验构建话语交流平台。[2] 殷殷和姜建成提出话语权的构成要素有平等参与主体的表达权、意识形态领域中的领导权、具体操作中的主控权。应在理论创新上加强核心价值观的解释力,在意识形态上加强制度的约束力,在实际践行上加强核心价值观的制度建设。[3] 俞思念和苏阳从国内外两方面分析了社会主义核心价值观话语权的意义,认为构建核心价值观话语体系既要讲好中国故事,又要增强传播能力;既需要价值观自信,又需要国际顶层设计的宣传策略。这样有助于增强人民文化自信,提升中国文化软实力。[4] 孙增德和苑帅民强调,核心价值观应当是多元文化的领导者,不仅要建构话语体系,还要建设传播体系。[5] 秦程节和何小春提出解决互联网时代的"话语困境",需要通过创新话语体系、打造网络平台、优化传播策略等方法打通网络话语权的实现路径。[6] 桑明旭提出,现阶段社会主义核心价值观的问题及挑战有多元价值观及冲突、多种负面网络话语、自由主义网络话语、历史虚无主义、相关宗教话语等。他提出从相关话语进行本质上的批评、净化网络空间、建设网络话语体系三个方面提升网络话语权。[7]

---

[1] 史献芝、王永贵:《马克思主义话语权的建构之道——基于普通社会公众视角的考察》,《学海》2018年第6期,第5—9页。
[2] 毛跃:《论社会主义核心价值观的国际话语权》,《浙江社会科学》2013年第7期,第27—32、26、155—156页。
[3] 殷殷、姜建成:《社会主义核心价值观视域中的网络话语权建设》,《思想教育研究》2015年第1期,第40—44页。
[4] 俞思念、苏阳:《社会主义核心价值观的坚守与国际话语权的提升》,《社会主义研究》2015年第2期,第1—5页。
[5] 孙增德、苑帅民:《培育核心价值观必须牢牢掌握话语权》,《人民论坛》2016年第25期,第210—211页。
[6] 秦程节、何小春:《互联网时代社会主义核心价值观网络话语权建设》,《广西社会科学》2016年第9期,第143—146页。
[7] 桑明旭:《加强社会主义核心价值观的网络话语权建设》,《思想理论教育导刊》2017年第4期,第76—78页。

(四) 社会主义核心价值观的培育与建构

社会主义核心价值观贵在培育、重在践行,需要有合适的途径和正确的方法。吴潜涛指出,积极培育和践行社会主义核心价值观是抵制资产阶级核心价值观渗透的迫切需要,是实现全面建成小康社会宏伟目标的内在要求,是全面深化改革、实现国家治理体系和治理能力现代化的题中应有之义,是全面推进依法治国、建设社会主义法治国家的根本要求。[1] 从培育过程来看,社会主义核心价值观的培育需要经历社会价值观的"内化"(从"公共价值观"到"神秘价值观"的转变)、社会价值观的"转化"(从"神秘价值观"到"成熟价值观"的转变)、社会价值观的"外化"(从"成熟价值观"到"个人价值观"的转变)、社会价值观的社会化(从"个人价值观"到"公共价值观"的转变)四个阶段。[2] 就培育原则来说,社会主义核心价值观的培育需要坚持核心价值观和多元价值观相统一、价值理想与价值现实相统一、社会价值与个人价值相统一、价值观的民族性与全球性相统一的原则。[3] 从培育的着力点来看,需要以社会主义核心价值观培育融入大学生活为立足点,以实现自觉认知、自觉改造和自觉发展为关键点,以惩戒教育为支撑点。[4] 就培育机制来讲,需要创新教育解读机制,创设符合大学生需求的教育形式,实现核心价值观的认同;创新实践转化机制,开展多样化社会实践活动,丰富大学生个体的体验;创新制度保障机制,建立强制性制度,保障社会主义核心价值观内化的正确方向。[5] 就培育路径来说,有学者将社会主义核心价值观的培育机制总结

---

[1] 吴潜涛:《培育和践行社会主义核心价值观重要意义的几点思考》,《思想教育研究》2015年第2期,第7—9页。

[2] 翟小满、杨宗友:《大学生社会主义核心价值观培育论——机理、过程与路径选择》,《重庆大学学报(社会科学版)》2018年第24卷第4期,第215—223页。

[3] 徐柏才:《论大学生社会主义核心价值观构建的主要原则》,《理论月刊》2011年第10期,第174—176页。

[4] 朱景林:《大学生社会主义核心价值观培育的三个着力点研究》,《思想理论教育导刊》2015年第5期,第81—83页。

[5] 赵果:《创新大学生社会主义核心价值观培育机制的路径探析》,《思想教育研究》2013年第11期,第67—70页。

为"一个着眼点""两大关注""三个着力点"和"五个具体方法"。①② "一个着眼点"就是要把培养"时代新人"作为培育和弘扬社会主义核心价值观的根本着眼点;"两大关注"即关注老百姓生活中可能出现的意识形态问题和社会发展中可能出现的个体化现象;"三个着力点"体现在思想层面,将培育和践行社会主义核心价值观融入国民教育全过程,坚持马克思主义在意识形态领域的指导地位,用社会主义核心价值观引领当代社会思潮;在制度设计和社会治理层面,始终将人民群众的切身利益作为制度设计、社会治理和政策选择的出发点和落脚点,确保制度的供给与变迁符合社会主义核心价值观的基本原则;在实际生活层面,推动社会主义核心价值观向广大人民群众的实际生活靠拢,尊重人民群众的主体地位,保障人民群众的基本权益。余双好认为,通识教育方法、价值澄清方法、价值附载方法、价值反省方法,以及隐性课程方法是培育践行社会主义核心价值观的五个具体方法。③ 还有一些学者提出"纳入国民教育全过程,发挥党员干部带头作用,以及知识分子、文化名人和其他杰出人物示范效应;贯穿结合融入、落细落小落实"等具体的实践路径。从社会主义核心价值观的日常化、生活化、大众化培育视角进行探讨。马洁指出,要将社会主义核心价值观理论落实到人民群众的日常生活中,使之能够内化于人民群众之心,外化于人民群众之行。④ 魏覃对社会主义核心价值观日常化的问题及其原因进行了分析,并从"注重宣传创新促内化、找准切入点促转化、抓好氛围营造促强化、健全长效机制促固化"四个方面提出了社会主义核心价值观日常化的方法。⑤

---

① 袁银传、田亚:《培育和践行社会主义核心价值观的基本路径》,《思想理论教育》2014年第10期,第10—14页。
② 王易、田雨晴:《习近平对培育和践行社会主义核心价值观的新贡献》,《马克思主义研究》2019年第11期,第40—47、163页。
③ 余双好:《以文化人与社会主义核心价值观践行培育的方法研究》,《思想教育研究》2015年第12期,第17—19、23页。
④ 马洁:《社会主义核心价值观生活化探析》,《中国多媒体与网络教学学报(上旬刊)》2018年第12期,第121—122页。
⑤ 魏覃:《社会主义核心价值观日常化问题研究》,博士学位论文,郑州大学,2019年。

第三章 中国传统优秀文化传承创新与传播互鉴机制研究

随着全球一体化的发展,各种价值观不断涌现或入侵。关于社会主义核心价值观的建构日益受到学者们的关注。建构中国价值观的本质是为了促进主流价值观的成熟和发展。条件在于:持续提升生产力水平、推动市场经济繁荣,实现经济、政治、文化和军事等的和谐发展,将公正、公平落实到行动中去,力求让所有公民享受到改革的红利。只有这样,社会主义核心价值观才能得到绝大部分乃至所有国民的认可。陆树程等对构建原则和路径进行了分析,并指出:价值体系是经济发展的内在动力,具备广泛性和统一性。应立足当下、服务未来,使传统价值资源的作用得到体现,同时参考世界文明成果。价值观的建构需要坚持"以立为本,大力建设;理论在前,志在探索;从教育方面着手,将思想调整到一个方向上,摒弃错误、落后的观念;价值体系和四个文明建设工作同步进行"①。要使社会主义核心价值观发挥出最大的作用,必须将其内化为国民的心理追求,并使国民自觉行动起来。刘书林认为,构建核心价值观的重点在于"三个转化":将理论转化为社会心理形态、将价值评价转化为价值行为、将价值规范转化为价值示范等。价值观传播,旨在让精英甚至是普通民众能够对其产生认同感,也就是价值观的大众化。② 刘新庚等探讨了社会主义核心价值观常态系统的建构路径,提出了社会主义核心价值观建构的"三进"(进教材、进课堂、进头脑)工程:一是要优化"三进"理念,着力增强社会主义核心价值观的统领功能;二是要整合"三进"载体,着力完善社会主义核心价值观的导引体系;三是要创新"三进"方法,注重适应社会主义核心价值观的认同规律;四是要探索"三进"机制,注重构筑社会主义核心价值观的践行格局,推动社会主义核心价值观全面践行、深入践行、持续践行。高新文从社会主义核心价值观的建构向度进行探讨,指出从马克思主义哲学、优秀传统文化、社会主义市场经济三个维度分析社会主义核心价值观,对强化民族价值认同,推动文化自信具有理论和现实两

---

① 陆树程、杨倩:《论培育和践行社会主义核心价值观的内在机制》,《毛泽东邓小平理论研究》2014年第8期,第52—57、92页。
② 刘书林:《社会主义核心价值观的由来和发展趋势》,《社会主义核心价值观研究》2016年第2期,第3—11页。

个层面的积极作用。① 王学俭认为，价值问题是社会主义与生俱来的基本问题，当代中国社会主义核心价值观建构应该处理好以下四个关系：从价值观的生成论来看，要处理好需要与价值的关系；从价值观的资源论来看，要处理好传统与现代的关系；从价值观的比较论来看，要处理好本土和外来的关系；从价值观的实现论来看，要处理好理论与实践的关系。② 张振国从文化立法的视域出发，探究了社会主义核心价值观融入文化立法的制度化建构问题。他认为，新时代文化立法在吸收社会主义核心价值观入法的过程中，要理顺文化的社会公益价值与经济追求间的关系、核心价值观整体性融入与个体性融入的关系、核心价值观融入与制度可操作性的关系，并在此基础上将社会主义核心价值观确立为该法的基本原则之一，并以"规则-责任"相衔接的方式提升社会主义核心价值观的可操作性。③

二、中华传统文化的文明互鉴历程

本部分通过对中国现当代优秀文化外译与文化传播研究现状的梳理，对其发展轨迹进行历史回溯；在时代发展的变迁中把握其共性，在历史的统一中认清其个性，在共性与个性的辩证统一中理顺其继承发展关系；对不同时期的相关理论进行系统性阐释，试图厘清文化外译与传播研究的理论基础和研究范式嬗变。系统介绍翻译学、传播学、社会学和文化研究等重要理论、基本原理和功能，探讨翻译的文化传播属性及文化传播视野下的翻译功能，为中国现当代优秀文化外译与文化传播理论的建构提供理论支撑。

随着中国国际化程度的不断加深，如何通过中外文化互鉴与中华传统文

---

① 高新文：《社会主义核心价值观建构向度刍论》，《河北大学学报（哲学社会科学版）》2018年第43卷第2期，第68—72页。
② 王学俭：《当代中国价值观建构应当处理好的四个关系》，《人民论坛》2019年第S1期，第136—138页。
③ 张振国：《社会主义核心价值观融入文化立法的制度化建构》，《南京社会科学》2020年第4期，第150—156页。

化的创造性转化,实现文化的传承与创新发展,在新时代新媒体语境下更好地推动中华文化"走出去",对于提升国家软实力、建设社会主义文化强国意义重大。一方面,全球化已经成为浪潮,也成为当代生活的关键词。随着全球文化交流、交融纵深发展,任何民族文化的现代化都无法置身于此进程之外。文化强国建设忽略与异质文化的交流,无异于与人类文化发展的潮流和趋势背道而驰。同时,全球性文化流动呼唤中华文化在参与世界性文化建设中做出新的贡献。唯有在中外文化交流中把握本族文化与异质文化的翕合,才能为本民族文化和世界文化的发展提供能量和动力。另一方面,文化强国之"强",关键在于增强文化的吸引力和感召力,在于对中华传统文化的继承与现代性转化。文化传统是在本体与变体之间的持续互动中不断生长更新的生命体。中华文明经过长期历史发展,以仁爱、中道、和合等理念为特色,饱含深刻细腻的人文关怀。这种历史积淀形成了突出的民族性特征,充分体现了文化的个性和魅力,成为中华民族区别于其他民族的根本精神标签。守护其主体、传承其精髓、丰富其内涵,就是维护国家和民族的精神血脉,是建设文化强国的根本奠基。因此,要充分把握文化传统与文化创新的翕合,重视民族文化的自我认同和自我建构,并不断把握与现代文化的平衡,不断矫正发展方向以符合世界文化的发展潮流。在新的时代背景下,如何通过译介、话语体系构建等方式推动中华文化更好地"走出去",扩大中华文明的影响力与感召力,是当下塑造中国新形象、建设文化强国研究的题中之义。故我们应关注时代背景下文化强国建设中的三对主要关系:本民族文化与异质文化的关系、历史传统与当下现实的关系、向内教化与对外认同的关系。

纵观现有研究,中华优秀传统文化互鉴的过程大体分为以下几个方面:

(一) 伴随着中外文化互鉴,中国文化软实力建设不断增强

中华传统文化传承与创新是一项国策,肇始于国家软实力建设领域,其萌芽可以追溯到党的十七大召开之时。2007年10月,党的十七大上首次从国家建设层面提出"中华文化"的概念。这代表人们从整体上对中国传统文化的肯定。习近平对中国传统文化提出了"建设社会主义文化强国,弘扬中

华优秀传统文化"等重要论述。随后,十八大提出"建设优秀文化传承体系,弘扬中华优秀传统文化"战略任务。十九大确立了习近平新时代文化思想,强调要"坚定文化自信,推动社会主义文化繁荣兴盛"。十九大报告中,习近平提出坚持创造性转化、创新性发展,不断铸就中华文化新辉煌,深入挖掘中华传统文化蕴含的思想观念。要综合时代要求继承创新,让中华文化展现出永久魅力和时代风采。2017年1月,国务院印发了《关于实施中华优秀传统文化传承发展工程的意见》。对中华优秀文化的研究也因此掀起了高潮。

1. 研究基础

国内学者的研究主要集中于以下三个方面。

第一,追本溯源,在不同的优秀传统文化形态中提取"共性"。骆玉安认为中华文化走出去战略的基本内涵是对外文化宣传、对外文化交流和对外文化贸易。① 马相武强调中华传统文化创新的重要性。他认为国粹固然重要,但最重要的还是文化创新,并且要让其中一部分文化成为中国的"具有国际传染性的学说"。② 齐勇锋提出了中华传统文化传承模式。杨利英指出了中华文化传承与创新的现实意义。她指出在新时代背景下,积极推行中国文化"走出去"战略,可以树立和维护良好的中国形象,搭建具有中华文明背景、中国文化话语权的国际文化交流平台,与世界各国增进共识,和谐发展。③ 韩美群探索了中华传统文化传承创新的四个基础。④ 从文化传承的视角来看,要弘扬和复兴中华文化,就必须赋予其新的时代内涵,使其与当代社会相适应、与现代文明相协调、与世界发展相同步、与文化自身发展规律相一致,不断实现文化的发展和更新。

第二,优秀传统文化在政策上的融合与融通。骆玉安从制定国家文化发

---

① 骆玉安:《关于实施中华文化走出去战略的思考》,《殷都学刊》2007年第2期,第153—156页。
② 马相武:《中国文化走出去》,《艺术评论》2007年第1期,第27—28页。
③ 杨利英:《新时期中国文化"走出去"战略的意义》,《人民论坛》2014年第23期,第186—188页。
④ 韩美群:《中华文化传承创新的四个基本问题》,《中州学刊》2016年第2期,第84—88页。

展战略以及文化产业、文化产品和复合型人才培养的角度谈了对策、建议。①苏毅从中华文化"走出去"战略出发,指出文化全球化、经济全球化、政治全球化对中国文化安全造成了一定的威胁,但同时,中国经济高速发展给中国文化安全提供了物质保障,中国文化特性符合全球化的要求,全球化的正效应与区域一体化的发展给中国文化带来了机遇。②郭曰铎认为,需要科学对待传统文化,坚持古为今用、以古鉴今,坚持有鉴别的对待、有扬弃的继承,努力实现传统文化的创造性转化和创新性发展。坚持传统性与现代性的辩证统一、民族性与世界性的辩证统一、主导性与多样性的辩证统一,实现社会主义核心价值观对传统文化的升华与超越。③童恒萍从中华传统文化视角阐释了十九大文化建设理论等政策问题。她提出,对待中华文化要坚持创造性转化与创新性发展的统一,力图创造中华文化新辉煌。同时,应基于传统文化,立足现实,在社会主义核心价值引领下,实现中华优秀传统文化的当代价值。④

第三,中华传统文化传播路径研究,包括把中华文化作为国际关系研究的第三维度来促进柔性外交,推动文化对外传播的研究,对政府主导、半官方半民间、纯粹民间、教育渠道四种中华文化走出去路径进行考察。吴卫民和石裕祖认为,在经济全球化和文化多元化的时代,最重要的是有效、有力地维护自身文化的话语权和价值的独特性,只有维护和强化自身文化的话语权才能在世界范围产生深刻的影响,进而有效地维护中国的文化安全。⑤李海洋指出在社会主义市场经济条件下,创新传统文化传承机制的关键是通过文化

---

① 骆玉安:《关于实施中华文化走出去战略的思考》,《殷都学刊》2007年第2期,第153—156页。
② 苏毅:《国家文化安全战略下的中国文化走出去战略》,《暨南学报(哲学社会科学版)》2014年第36卷第5期,第126—133页。
③ 郭曰铎:《传承与升华:中华优秀传统文化和社会主义核心价值观的有机融合——学习习近平总书记关于中华传统文化与社会主义核心价值观的重要论述》,《青岛科技大学学报(社会科学版)》2014年第30卷第4期,第22—25、31页。
④ 童恒萍:《坚守中华文化立场立足当代中国现实——从中华传统文化视角阐析十九大文化建设理论》,《华南师范大学学报(社会科学版)》2018年第1期,第79—83、190页。
⑤ 吴卫民、石裕祖:《中国文化"走出去"路径探析》,《学术探索》2008年第6期,第108—114页。

体制改革,大力发展文化产业,充分发挥文化产业化在传统文化传承中的作用。① 曲慧敏认为要更好地发挥政府作用推动中华文化走出去,同时加强经济传播、媒介传播和人际传播等民间渠道的积极作用。② 曹爱军和陈思认为中国应当充分利用与沿线国家交流的契机,客观审视文化传播交流的发展现状,从国家和企业两个层面制定并实施中华文化"走出去"的战略方针,以中华文化独有的魅力保障国家安全、推动经济发展,进而实现中华民族的伟大复兴。③ 胡清芳认为要以经济贸易方式推动中华文化"走出去",重点利用和拓展四条路径:"一带一路"人文交流路径、长江文化产业带路径、产业融合路径和媒体国际传播路径。④

　　文化交流是世界文化进步的重要条件,是推动文化多样化的内在要求,更是中国文化软实力建设、文化强国建设的题中之义。就文明互鉴角度而言,建设社会主义文化强国的着力点与实践逻辑在于:第一,中华文化在交流、交融中对异质文化的吸收。中华文化的生命力在于其开放性和包容性,善于吸收、借鉴人类所创造的优秀文化。自古以来,中华文化的发展、社会的进步,是与跨国界、跨民族、跨文化等跨越时空的文化交流分不开的。第二,中华文化在交流、交融中对异质文化的丰富,以及时代背景下对全球治理的文化贡献。对外文化交流是中国参与全球化进程、为新时代的全球治理提供中国智慧的重要途径。第三,新中国成立以来,特别是改革开放以来中国体制机制改革经验及"人无我有、人有我优"的制度比较优势对世界政治文化产生了重要影响。四、中华文化在国家认同、民族认同、身份认同中体现出强大的凝聚力。

---

① 李海洋:《中国传统文化传承和创新机制探析》,《中共石家庄市委党校学报》2008年第9期,第37—39页。
② 曲慧敏:《论多渠道推动中华文化走出去》,《思想理论教育》2012年第13期,第34—39页。
③ 曹爱军、陈思:《"一带一路"背景下中华文化"走出去"研究》,《石家庄经济学院学报》2016年第39卷第6期,第112—118页。
④ 胡清芳:《"十三五"时期中华文化走出去路径探析》,《山西社会主义学院学报》2017年第2期,第45—49页。

2. 新时代中西文化交融的对话路径

新时代下中西文化交融与对话之道,具体来讲包含"文化外推策略-文化安全建设-保障体系构建"三大路径。

(1) 新时代中西文化交流中的跨文化外推策略。

全球化、信息化浪潮席卷世界,文明之间的互动空前频繁。只有在与其他文化的交互之中,中华文化、社会主义文化才能发现自身特有的文化资源与文化孕育力,文明的价值也会通过与其他文明体系的互动体现出来。文化外推理论能够为互动方式的研究提供有效框架。"外推"是由新维也纳学派的华尔纳(Wallner)提出的一种在科学层面的科际整合研究的认识论策略。中国台湾学者沈清松加以修正,将其引入跨文化研究的领域。"文化外推"是一种跨文化哲学策略,是走出自我封闭,走向多元他者的行为。全球化背景下的"多元文化"指的是对文化认同的追求和对文化差异的尊重,同时应该更意味着不同的文化传统借由其文化差异相互丰富,进而不懈地寻求共同的可普化、可分享的元素。总体来看,跨文化"外推"应该包括三方面的内容:一是语言外推,就是通过把自己文化传统中的论述或语言翻译成异文化传统的语言或论述,来寻求自身文化价值更大的可普化性;二是实践外推,即通过把"我"所主张的核心理念、价值观从"我"的实践中提取出来,放入"你"的实践或脉络中,来探索本文化价值更多实践上的可能性;三是本体层面的外推,即从"我"的微世界、文化世界、宗教世界出发,经由对于实在本身的直接接触,进入"你"的世界,避免宗教排他主义,放大宗教交谈及宗教间的可分享性。三个层面的外推密切关联,逐步深入。

基于此框架,可以从以下四个维度研究中外文化对话之道。

第一,语言外推。研究如何汲取世界通用与非通用语、了解隐含在不同文化和语言背后的生活形式、加强汉语言的传播与中国文化的外译、加强语言人才培养、完善语言服务链等问题。

第二,道德与价值观外推。研究如何实现社会文化系统中深层观念间的碰撞与吸收,努力促进不同文化达成道德共识,特别关注在学术、教育、影视等领域的相关研究。

第三，艺术外推。绘画、音乐、舞蹈等艺术形式以官方和民间两条路径，面向国外开办群众性文化活动，积极宣传中国各类艺术文化，如陶瓷文化、书法文化、茶文化、少数民族文化、饮食文化、影视文化、中医文化等。

第四，宗教对话。研究如何加强以佛教、道教、儒学思想为代表的中国宗教和世界其他主要宗教的互动，促进民众认同并接受温和、和平的宗教主张，同时探讨消除隔阂与误解，传播温和、理性的宗教主张，共享经学思想体会、人才培养、抵制极端主义等理论和实践经验的具体路径。

本研究的最终目的，在于通过与其他文化的接洽使中华文化在新时代下变得更有教益，使中华文化在趋向主流文化的同时不断地让他者发挥作用，在文化全球化呈现统一性的同时也不断地多元化，在各国文化走向融合与顺应的同时不停地凸显自身的特色。

(2) 新时代中西文化交流中的国家文化安全建设。

今日世界，异质文化之间的交锋与冲突愈演愈烈，文化强国建设研究应注重探讨如何在文化碰撞中保持本族文化，防止外来文化的强势侵袭，保障国家安全。若社会主体丧失了维护与传播本土价值的责任意识，即便再有价值的文化最终也会流失。互动中的本族文化不能彻底"他者化"，否则会丢掉本文化的主体性、文化根性。中西文化交互中，关于中国文化安全的基本任务与内在核心的研究主要包括：

第一，社会主义文化主体性的守护问题研究。中国的文化安全形势极其复杂。虽然，当前中国文化事业呈现全面繁荣之态势，但对外而言，西方文化随着互联网的迅速发展而不断扩张和渗透；对内而言，文化思潮日渐繁杂，"新自由主义"、历史虚无主义、民粹主义等相互激荡并形成了种种潜流。所以我们必须提高人民的思想辨别力、共识凝聚力和理论创新力，坚持正确的文化立场，扎实巩固马克思主义在意识形态领域的指导地位的路径。

第二，社会主义核心价值观的主体性守护问题研究。随着西方工业社会、后工业社会的发展，大众文化凭借现代科学技术的大规模复制传播，形成了标准化、一体化的文化工业。如果一味迎合之，就等于放弃了自身生活世界的价值依据和自身文化价值体系的正当性。在中国,社会主义核心价值观是一种形成于社会主义革命与建设过程中的知识体系,从中华传统文化之中获得滋养,并随着文化软实力建设加强而不断深化,因而具备了民族基本价值取向的连续性和革故鼎新的时代性。所以我们应将核心价值观内化为行为自觉的多元实践,特别注重弘扬红色文化和革命历史教育,并推进核心价值观与各民族优秀文化的有效对接与有机融合。

第三,交互与创新中的文化安全建设动力问题。今日文明间的互动空前频繁,若固守文明优越论、文明冲突论,人为筑起民族文化藩篱,不但不利于文化安全建设,更会为文化安全带来巨大危机,甚至影响世界的和平与发展。只有在与其他文化的交互之中,中华文化、社会主义文化才能发现对方的文化资源与文化孕育力。所以我们应以自信和包容的心态对待多样的文化价值观念和精神资源,整合出更新的文化精神;发扬中国"多彩、平等、包容"的新型文明观,打造人类命运共同体。

(3) 中外文化交流的保障体系建设。

如何在互动中更好吸收、借鉴国外优秀文化成果,促进文化强国建设,还应完善基本保障体系,最大程度为开展多渠道、多形式、多层次的对外文化交流提供保证。

第一,中国文化"走出去"保障机制研究。主要包括:一是引导文化企业对文化产品建立积极严格的文化追求、完善中国文化产业的监督和引导机制、完善中国知识产权保护的法律法规,通过制度规范文化市场的时间顺序、提供良好的法律依据,确保有利于中国文化产品的输出及文化产业的健康发展。二是出台有利于文化输出的相关政策。如中国与世界各国文化企业的合作与交流的优惠政策的制定、文化产业合作基地建设政策引导、中外大学和文化企业之间的合作等。

第二,文化领域的智力、人才保障工作研究。中外文化交流的可持续发展很大程度上取决于对文化产业优秀人才的培养。应在加快培养和造就德才兼备、锐意创新、结构合理、规模宏大的文化人才队伍的同时,加强文化领域智力、人才、技术的引进工作。

(二)中华传统文化中在全球治理中的思想智慧与贡献

文化强国已经成为新时期国家建设与发展的重要战略,纵观各领域的发展,整体上取得了比较辉煌的成绩。国内学者对此做了较全面系统的总结和研究,按照领域不同可划分为五个方面。

第一,对马克思主义中国化领域的研究。该领域的研究主要在马克思主义中国化成果转换、理解马克思主义,以及马克思主义与中国传统文化的关系三个维度上。高长武提出以下四个观点:中华优秀传统文化是中华民族的精神命脉和最深厚的文化软实力;厘清中华优秀传统文化的历史渊源、发展脉络、独特创造和价值理念,以增强文化自信和价值自信;从中华优秀传统文化中汲取营养和智慧,延续文化基因;坚持古为今用、以古鉴今,坚持有鉴别的对待、有扬弃的继承,努力实现创造性转化和创新性发展。① 陶传铭探索习近平治国理政方针与中国传统文化十论,并提出新的历史时期,习近平站在治国理政的战略高度,深刻地阐述了中国传统文化与中华民族五千年文明史、中国传统文化与中国共产党、中国传统文化与中华民族伟大复兴、中国传统文化与中国特色社会主义、中国传统文化与社会主义核心价值观、中国传统文化与廉政文化建设、中国传统文化与中国外交理念和政策、中国传统文化与建军治军之道、中国传统文化与人类文明发展这十个方面的重大问题。这些问题既是推动中国传统文化创造性转化和创新性发展的基本问题,也是中国共产党治国理政实践中面临的重大时代课题。② 邢丽菊指出新时期中国外交思想体现了中国传统文化的关联性、包容性、和合性、整体性等思维。③

第二,对文化和翻译领域的研究。将对翻译的研究纳入文化传播的大语

---

① 高长武:《理解马克思主义与中国传统文化关系的三个维度——学习习近平关于中国传统文化的重要论述》,《党的文献》2015年第1期,第24—30页。
② 陶传铭:《习近平治国理政方略与中国传统文化十论(上)》,《南京政治学院学报》2016年第32卷第5期,第14—19,140页。
③ 邢丽菊:《新时期中国外交思想的传统文化内涵》,《国际问题研究》2015年第3期,第98—110页。

境,对提升国家文化软实力发挥着重要作用。语言传播基于国家实力,又助力国家实力。目前这方面的研究包括对全球化时代的文化和翻译发展概况、特点及思考的研究。① 杨文艺对全球竞争文化转向背景下孔子学院的转型发展进行研究,并提出在"输出"方面从过去侧重语言与教育到如今倾向文化推介,在"目标受众"方面从注重精英群体到如今更加关注大众群体,以及在"怎样输出"方面从以课堂教学为主到以大众传播为主。② 刘旭在对孔子学院发展现状及对策的研究中提出,测评体系仍需进一步完善,需进一步克服水土不服的问题;官方色彩需进一步淡化;汉语及中国文化资源人工智能化开发仍不足;外媒舆论为孔子学院建设和发展设置障碍、故意曲解孔子学院等突发状况的应急预案机制须进一步完善等现存问题及建议。③

第三,对广播电影电视领域的研究,如对中国影视对传统文化传承的情况、主要方式和特点趋势的研究。谭天和于凡奇提出目前中国电视"走出去"的传播路径主要有两种:第一是自建渠道,即通过中国电视频道在海外的落地或影视节目自办发行,直接掌控平台和收益;第二是"借船出海",通过对外交流与合作,传播本国文化。④ 郑宏提出,作为一种电视节目形态和文化产品的结合体,节目模式的成长成为电视产业升级之路的新趋势、新亮点。⑤ 时统宇对建设新型电视文化进行探索,认为中国电视在将中国胸怀、世界眼光做出独特整合方面,承担着特殊的作用。必须把中国的改革开放和社会主义现代化同世界大势和时代主题结合起来,在理论创新、制度创新和科技创新中,铸就民族进步的灵魂,开掘中华复兴的不竭动力,确立中国在世界文化

---

① 王宁:《全球化时代的文化研究和翻译研究》,《中国翻译》2000 年第 1 期,第 10—14 页。
② 杨文艺:《全球竞争的文化转向与孔子学院的转型发展——孔子学院十周年回眸与展望》,《中国高教研究》2015 年第 4 期,第 44—52 页。
③ 刘旭:《孔子学院十年:实现中国文化"走出去"——从孔子学院发展现状问题与对策研究谈起》,《出版广角》2015 年第 8 期,第 15—17 页。
④ 谭天、于凡奇:《从"走出去"到"走进去"——论中国电视对外传播的策略创新》,《中国电视》2009 年第 8 期,第 43—46 页。
⑤ 郑宏:《电视节目模式从引进来到走出去——以浙江卫视为例论中国电视产业升级》,《中国广播电视学刊》2014 年第 8 期,第 43—44 页。

发展大格局中的应有地位。① 朱新梅对中国电影"走出去"国际传播评价进行研究。饶曙光提出,在传播路径上,在坚持市场和商业主渠道之外,要注重政府与民间等多渠道路径的挖掘;在传播范围上,要拓展"华人社区—华人文化圈—儒家文化圈—非西方文化圈"的多层次、对外文化传播版图;在传播内容上,要通过灌注"中国梦"、讲述"中国故事"的合拍片降低文化产品的"文化折扣",扩大中国电影的国际市场规模和文化影响力。②

第四,对文化艺术领域的研究。随着中国对外文化交流与合作的深入发展,海外中华文化中心建设稳步推进,大力推动了中华传统文化"走出去",这方面的研究包括对中华传统文化艺术走出去概况、主要特点及典型案例的研究,中国传统造型艺术的对外传播研究③,以及对成功"走出去"的艺术形式个案研究。杨悦和肖羽婧指出,"走出去"项目体现了讲好中国故事的文化自信,对国外主流社会的影响力不断增强。但总体而言,中华传统文化的"走出去"主要还是"政府主导型"机制下文化的"送出去",未能准确把握外国文化市场的需求。④

第五,对新闻出版领域的研究。"十二五"以来,新闻出版行业坚持"政府推动、企业主体、市场运作、社会参与"的运作方式,推动中华文化典籍进入海外市场。2011—2012年,原新闻出版总署先后出台《新闻出版业"十二五"时期走出去发展规划》《关于加快中国新闻出版业走出去的若干意见》等相关政策,明确提出大力推动中华文化典籍"走出去",加强中华文化典籍等学术作品对外翻译和出版。王宁认为,翻译作为中外文化交流的重要传播工具,其重点应从外译中逐步转向中译外,只有这样,中国文化才能在全球化的时代保持其固有的文化身份和特征。⑤ 廖华英和鲁强指出,在文化对外传播的过程中需要注意文

---

① 时统宇:《当好中国电视"走出去"的排头兵》,《电视研究》2007年第6期,第47—48页。
② 饶曙光:《中国电影对外传播战略:理念与实践》,《当代电影》2016年第1期,第4—9页。
③ 张安华:《中国传统造型艺术的对外传播研究》,博士学位论文,东南大学,2015年。
④ 杨悦、肖羽婧:《十八大以来的中国文化外交——以国家艺术基金"走出去"项目为例》,《公共外交季刊》2017年第1期,第113—118、140页。
⑤ 王宁:《全球化时代的文化研究和翻译研究》,《中国翻译》2000年第1期,第10—14页。

化接触所产生的碰撞与摩擦,正视这些文化冲突,分析冲突的根源,在传播过程中求同存异,加强了解和交流,避免强势文化入侵造成的抵触与矛盾。①

魏玉山指出,外向型出版是中国出版发展的必经之路,一方面,不能沿用计划经济体制下的对外宣传模式,由政府大包大揽,制定不合实际的目标;另一方面,政府要针对出版产业的特殊性,给予一定的倾斜和保护政策,以使其能进入国际市场并立足其中。②

中华优秀传统文化传承面临困境在于对传统文化的误读,即立足于自身的文化背景、思维方式解读文化;对传统文化的解读受自身知识体系的限制③,研究仅停留于对传统文化传承成果的总结上,④未对其进行总结反思、凝练为理论,从而导致文化在传承过程中缺乏理论的指导与支撑。经济全球化及"文化全球化",使中国传统文化遭到西方思想的入侵,在一定程度上阻碍了中华优秀传统文化的传承。同时传承者更多将"传承"作为一种形式,对其所承载的文化内核,尤其是其所蕴涵的精神实质并不完全认同,因而缺乏文化传承的自觉性和自信,以及新媒体时代带来了人际传播和文字传播的缺失等。综上所述,当前对中华传统文化传承与创新的研究较为片面,系统性、深入性和多维度研究不足。

(三) 文明在精神层面的互鉴:中华传统文化传承思维创新

中华传统文化的传承与创新、中国文化软实力的提高是一项重大战略,需要科学的顶层设计和先进理念。新时期中国的经济、政治、社会、民生都发生了巨大变革。为了适应国家整体发展,应从文化战略上对中华文化传承进行创新思考和分析,从国际整体利益和认知出发,对中华传统文化的全球发

---

① 廖华英、鲁强:《基于文化共性的中国文化对外传播策略研究》,《东华理工大学学报(社会科学版)》2010年第29卷第2期,第144—147页。
② 魏玉山:《关于中国出版走向世界的思考——一种跨文化传播的方式》,《中国编辑》2005年第2期,第10—13页。
③ 乐黛云:《世纪转折时期关于比较文学的几点思考》,《中国比较文学》1995年第2期,第1—10页。
④ 李惠娥:《马克思主义视域下中国优秀传统文化的传承困境研究》,硕士学位论文,福建师范大学,2014年。

展战略进行新的表述与规划。

中华传统文化的传承要实现"单主体"向"双主体"的转变;在传承话语上,实现由"硬传播"向"软交流"的转变;在传承内容取向上,实现由语言"搅拌机"向文化、情感"搅拌机"的转变;①在协同创新上,推动对中华文化传承的研究,强调大学作为媒介起到的重要作用。② 中华传统文化影响力建设应重视文化与体系的协调对接、夯实文化产业基础。③ 对中华传统文化的传承要有新布局、新使命、新理论等。

国外对文化传承、传播的研究要早于国内,人类学、文化人类学、国际关系学、文化经济学、符号学,以及跨文化传播等领域的学者都对这个问题给予过关注。

国际关系学领域比较有代表性的包括弗朗西斯·福山(Francis Fukuyama)的"历史终结论"、萨缪尔·P.亨廷顿(Samuel P. Huntington)的"文明冲突论"、约瑟夫·奈(Joseph Nye)的"软实力理论"等。简单地说,"软实力"就是通过吸引而非强迫或收买的手段达己所愿的能力,或者说,是一个国家所具有的那种让别国心甘情愿去做它希望的事情的能力,这些理论都为美国文化扩张提供了理论注解。文化经济学领域的学者针对西方资本主义及其文化具有普遍性和主导性的论断,以清醒的头脑观察和分析世界,一方面抵制新一轮文化侵略和文化霸权,另一方面从更加切实和广泛的角度提出了"对话理论""协商政治""共生理论""符号互动理论"等应对理论。20世纪50年代,美国文化人类学家爱德华·T.霍尔(Edward T. Hall)第一次提出"跨文化传播"概念,在其之后,一批跨文化传播研究著作问世,如萨摩瓦和波特(Samovar & Porter)的《跨文化传播读本》、汉姆斯(Harms)的《跨文化传播学》、古迪昆斯特(Gudyknnst)的《和陌生人的交流:跨文化传播研究》。跨

---

① 李建军:《复兴中国文化的出路》,《赤子(上中旬)》2015年第17期,第8—13、2页。
② 韩震、陈海燕:《协同创新推动中国文化走出去》,《国家教育行政学院学报》2015年第3期,第9—12页。
③ 冯颜利:《中华文化如何"走出去"——文化影响力建设的问题、原因与建议》,《人民论坛·学术前沿》2013年第8期,第76—83页。

第三章 中国传统优秀文化传承创新与传播互鉴机制研究

文化传播研究作为传播学的分支,研究领域包括国际传播和跨文化语境的新闻文本解读。除了对跨文化传播中的"人"的关注,以罗伯特·埃兹拉·帕克(Robert Ezra Park)为代表的芝加哥派学者还关注了传播双方的差异性、人群间的社会距离,以及由传播带来的开放视域等方向。中华文明中人文主义色彩和制度优势也被西方所借鉴,成为西方文明现代化的重要构成性力量,而不是中西或东西方的二元对立。中外文明或文明间的互构是理解人类文明交流、互鉴,以及中国提出构建人类命运共同体倡议的重要历史视角。

另外,关注国外智库、学术界等对当代中国问题的研究,有利于了解当代中国发展的国际形象。近年来,随着中国综合国力的提升和国际地位的提高,国外对东方文化、对中国问题的研究开始升温。

2009年,美国智库对外关系委员会以"中国2025"为题就近年来中国发展现状、前景及未来影响展开了系列讨论。关于中国外交政策方面,有兰德公司麦艾文(Evan Medeiros)的《中国的国际行为》报告;关于中国社会问题的代表性成果有布鲁金斯学会关于中国社会阶层状况的研究,如哈拉斯(Kharas)的《发展中国家新兴的中产阶级》和李成的《中国新兴的中产阶级:超越经济转型》,战略与国际研究中心理查德·杰克逊(Richard Jackson)、中崎圭介(Keisuke Nakashima)、尼尔·豪(Neil Howe)等人的《中国养老制度改革的长征:〈银发中国〉再探》等。日本智库对中国崛起前景的看法较为一致,都认识到了中国崛起的巨大动力以及中国崛起的美好前景,如日本PHP综合研究所的一份报告《日本的对华综合战略》和日本国际关系论坛的一份报告《亚洲中的日本:我们该怎么做?》比较有代表性。欧洲专业智库对中国及中欧关系的研究主要聚焦于中国崛起的影响、欧盟对华战略选择、中欧战略伙伴关系及具体双边问题等方面。

从国外的研究情况可以看出,国际社会对于中国、中国问题和中华文化的了解有些仍戴着意识形态的有色眼镜,带有敌对色彩,但诸多已是比较客观、正面,甚至是前瞻性的研究和分析。这给我们中华文化传承与创新,发出中国自己的声音,与世界文明对话既带来了机遇,又提出了更高的要求。

三、中华传统文化的译介路径探究

在已有研究的基础上,从实践出发,关注中国现当代优秀文化外译与传播研究的现实问题,并展开实证调研,针对存在的实际问题分析其原因,直面挑战,为建设中国现当代优秀文化外译与传播模式和理论体系探寻机遇。综合考虑当前的掣肘及未来文化强国建设的主要问题和实践困境,坚持马克思主义的指导地位,坚持党的领导,汲取中华优秀传统文化精神资源,吸收和借鉴世界优秀文明成果,兼顾系统性和逻辑性,多维度探析并论证中国现当代优秀文化外译与传播研究的理论内涵与发展逻辑,构筑文化外译与文化传播的综合理论分析框架,规划2035年建成社会主义文化强国建设的实践进路,着力探索构建与社会主义文化强国相适应的文化外译与文化传播模式。

(一)中华优秀传统文化理论路径研究

文化是一个民族的根基和灵魂,是实现民族振兴和国家发展的强大精神力量。党的十九大以来,坚定的文化自信使登上世界舞台中央的中国国家文化软实力大幅提升,国际社会对中国特色社会主义新时代的关注和认同与日俱增。但与此同时,西方资本主义世界凭借媒介霸权建构全球文化霸权的脚步并未放缓,国际舆论格局西强我弱的总体形势导致国际社会中威胁中国民族精神独立和国家文化安全的因素依然存在。中国现当代优秀文化外译与文化传播在国家形象建构与国际竞争中正发挥着越来越重要的作用,提高文化软实力成为党和国家的一项重大战略任务。中国现当代优秀文化外译与传播逐渐成为一个新的理论热点,已有研究从各自的视角出发,对这一研究对象进行了初步探索,在实践和理论上取得了一些研究成果,大致可分为以下几类:

1. 文化外译与传播的战略意义研究

随着中国综合国力和国际影响力的不断增强,文化走出去的呼声日渐高涨,文化"走出去"成为中国文化强国建设的基本战略。在这样的语境下,"文化外译""文化传播"作为文化强国建设的重要载体,受到了越来越多学者的关注。具体而言,关于中国现当代优秀文化外译与传播战略意义的研究,比较有代表性的观点有:实施文化"走出去"战略,推动中国现当代优秀文化外译与传播,有助于扩大中华文化的国际影响力,增强文化产业竞争力,塑造中国的文化大国形象,营造和平发展的国际环境,进一步提升当代中国的文化软实力。① 有学者认为,中国现当代优秀文化外译与传播是中华文化"走出去"的重要载体,是中国经济"走出去"在文化产业发展领域里的必然延伸,同时也是中国文化市场对外开放的必然结果。更深层次的原因是如何克服入世后中国文化产业被动挨打的局面,变消极应对为主动出击,通过积极扩大国际文化贸易、克服巨大的文化贸易逆差维护国家文化安全。有学者指出,改革开放以后,特别是近年来随着中国经济实力的增强和国际影响力的显著提升,中国文化"走出去"的需求日益紧迫。打造中国的世界影响力,既需要利益、力量的分享与保障,也离不开文化的感召力和吸引力。在这样的背景下,中国现当代优秀文化外译与传播的重要性愈显突出,承载着传播中国当代优秀文化、塑造国家形象、服务国家政治和经济目标的重要使命。② 还有学者强调,在社会主义伟大建设中富裕起来、强大起来的中国要实现"两个一百年"的奋斗目标和中华民族伟大复兴的中国梦,就必须加深与世界各民族、各国家、各区域、各文明间的政治互信互鉴、经济互利互助、文化互融互通,积极发展全球伙伴关系;与此同时,世界也要求中国积极推动构建人类命运共同体,参与全球治理体系改革和建设,承担起国际体系参与者、建设者、贡献者的使命。因此,中华现当代文化外译与国际传播既是中国面对全球化提高国家文化软实力的主动选择,也是中国捍卫大国、强国地位的必由之路。③

从研究的切入点来看,有的文献从国家形象的文化魅力和文化输出与国家形象塑造等方面阐述了中国现当代优秀文化外译与传播的意义,有的从文

---

① 骆玉安:《关于实施中华文化走出去战略的思考》,《殷都学刊》2007年第2期,第153—156页。
② 王雄:《对中国文化"走出去"战略的几点思考》,《杭州师范大学学报(社会科学版)》2018年第40卷第5期,第124—128页。
③ 王光宇:《文化传播视阈下讲好中国故事的路径探析》,《人民论坛·学术前沿》2019年第7期,第84—87页。

化安全和文化话语权的角度阐述了文化外译与传播的迫切性,还有的从文化软实力方面论述了文化外译与传播的重要性,但缺少全面、系统的理论分析。同时,少有学者对当前中华文化外译与传播的国际国内背景和时空特征进行整体性论述,而这对于认识中华文化外译与传播的现实价值,理解并推动中华文化"走出去"战略具有重要意义。

2. 文化外译与传播的理论研究

现有研究从传播学和跨文化交际的理论视角出发,论述了文化外译与文化传播活动的本质,对中国现当代优秀文化翻译与传播的关系进行了理论阐释。在西方,将翻译和传播学结合的理论研究可追溯至 20 世纪 60 年代,美国翻译理论家尤金·A. 奈达率先将符号学、信息论的相关成果引入翻译研究中。翻译被看作是产生于社会场合的语言传播活动,是一种将信息发送者和信息接收者串联起来的方式。如果把翻译从这个场合中抽象,便无法发挥其传播作用,无法使信息接收者理解和接受,那么翻译活动的意义也不复存在了。1977 年,德国翻译研究者沃尔弗拉姆·威尔斯出版了其著作——《翻译学——问题与方法》。在书中,威尔斯总结了前人的翻译研究过程和主要方法,研究发现,过去翻译研究忽视了翻译行为的诸多特征,尤其是翻译活动的信息传递特征。为此,威尔斯明确指出,翻译是与语言行为密切关联的一种语际信息传播的特殊方式。① 英国翻译理论家罗杰·贝尔将翻译置于信息论的视角下,提出了翻译过程模式。基于这一模式,翻译过程可以看成信息接收、信息识别、解码、信息获取、信息理解、编码、传输、再接收等一系列步骤的集合。② 随后,美国学者斯科特·L. 蒙哥马利开始从跨文化传播的视角研究翻译活动,阐述了翻译的跨文化传播特征以及翻译对于人类跨文化传播实践的巨大影响和意义。③ 英国曼彻斯特大学翻译与跨文化研究中心学者莫娜·贝克将

---

① Wolfram Wilss, *The Science of Translation: Problems and Methods*, Shanghai: Shanghai Foreign Language Education Press, 2011.
② [英]罗杰·贝尔:《翻译与翻译过程:理论与实践》,外语教学与研究出版社 2001 年版。
③ Alan C. Bowen, *Science in Translation: Movement of Knowledge through Culture and Time*, New York: Elsevier Science Publishers, 2001.

"再叙事"理论引入翻译研究,强调了翻译在跨文化传播中的重要地位,并认为翻译有可能挑战文化霸权话语。① 可见,西方许多学者纷纷借鉴信息论、传播学以及跨文化研究的相关理论与方法,对翻译的生产、传播和接受等过程进行研究,为翻译的跨学科研究构建了新的参照系统。

在中国,也有学者从文化传播视域进行翻译研究,但尚未形成势头。吕俊指出,翻译是一种以语言为媒介的社会传播活动,并且改造了传播学的知识框架使之适用于翻译学的机体结构,为翻译学的建构和发展服务。张俊从传播学理论出发,探讨了传播学理论在翻译研究中的地位、成就以及对翻译学理论建设的指导意义。方守江和谢应喜借鉴信息理论框架,提出了平衡翻译概念,探讨了译者在翻译过程中的传输负载问题,并基于平衡翻译模式为译者顺利进入译入语系统、平衡传输负载以达到交际目的提供了具体建议。② 萧立明从翻译的社会属性和文化功能入手,认为翻译是语际间的信息传播,是不同语族间的文化交流活动,是不同语言民族间文化交流和发展的动力。③ 罗选民提到,翻译与文化传播在语言符号的特征、意图性、场依存性、互动性等方面都存在着共同点,甚至是你中有我、我中有你。我们应该超越语言的局限,从更高、更广的文化层面进行翻译研究,使翻译研究在文化传播领域获取更大的成功。④ 谢柯和廖雪汝以名实问题为核心,提出了建立翻译传播学的构想,并对这一学科存在的合理性、科学性、有效性以及研究对象和研究方法进行了阐释。⑤ 基于传播学者理查德·布雷多克(Richard Braddock)的"7W"模式探究翻译损失背后的根源,孙利和林宗豪分析了"7W"模式对翻译传播过程和传播效果的阐释力。⑥ 罗选民从大翻译的理论

---

① Mona Baker, *Translation and Conflict: A Narrative Account*, Routledge, New York and London, 2006.
② 方守江、谢应喜:《信息理论与平衡翻译》,《中国翻译》2004年第3期,第25—27页。
③ 萧立明:《论语言行为潜势与翻译》,《长沙铁道学院学报(社会科学版)》2001年第1期,第1—5页。
④ 罗选民:《文化传播与翻译研究》,《中国外语》2008年第4期,第91—94页。
⑤ 谢柯、廖雪汝:《"翻译传播学"的名与实》,《上海翻译》2016年第1期,第14—18页。
⑥ 孙利、林宗豪:《"7W"模式对翻译传播要素协调性的阐释力》,《外语电化教学》2016年第1期,第67—72页。

框架出发,明确了文化外译和传播研究对中国形象建构与文化传播的重要意义。[①]

3. 文化外译与传播的路径研究

在当前中国着力提升国家综合实力和积极推进国际传播能力建设的背景下,如何推动当代中华文化外译与国际传播,进而逐步构建新的文化外译与传播体系,已成为中国面临的重大现实问题。学术界对此进行了诸多探讨,取得了一系列重要成果。蔡平从译者的角度探讨了文化外译与传播的策略。他从微观和宏观两个角度阐述:从宏观角度看,译者对翻译材料的选择绝非随意,而是受译者社会历史背景及个人意识形态等因素影响的有意行为,翻译策略、翻译工具都有着深深的文化烙印;微观影响则是指在具体的翻译实践中,译者对字、词的把控同样被文化因素左右,不单是源语文化,目的语文化更是如此,而找出富含文化底蕴且有效解决文化差异的对等语句则是翻译的关键。因此,翻译、语言与文化相互影响、互为制约。翻译通过译入及译出工作,使更深层次的文化交流和文化传播得以实现,同时在构筑本民族文化中起着关键性作用。[②] 段连城从译者的角度出发,指出文化外译作品的问题与歧义往往产生于两种根源性的"病状":一是由于译者本身翻译能力及专业水平的不足所产生的句法错误、用词不当;二是由于文化意识的偏差或匮乏导致对原文含义的误解。这就要求译者在中国文化交流传播的过程中有较高的文化信息感知力及整合、创新文本信息的能力。胡庚申基于生态翻译理论,重申了译者在文化外译与传播过程中的主导作用和中心地位,同时从宏观理性和翻译伦理层面提出"译者责任"的概念。[③] 欧阳康教授以不同国际学术群体对中国文化的评价及功能期待为出发点,辨析了跨文化交流中的前提性问题,即中华优秀文化的传播责任及实现途径。首先,不同文化

---

① 罗选民:《大翻译与文化记忆:国家形象的建构与传播》,《中国外语》2019年第16卷第5期,第95—102页。
② 蔡平:《文化翻译研究》,博士学位论文,湖南师范大学,2008年。
③ 胡庚申:《从"译者中心"到"译者责任"》,《中国翻译》2014年第35卷第1期,第29—35、126页。

背景及价值选择的个人或群体对中华文化的理性思考程度不同且有着不同的期待与需求。其次,东西方文化的评价标准、跨文化理解的可行性及有效路径以及在比较研究中的合理把握与有效对话,都是跨文化传播中值得深思的问题。欧阳康教授认为立足当下的现代化进程,创造性地运用马克思主义文化资源,对中华文化进行创新,将当代中华文化建设纳入世界文化发展的总体进程和发展趋势中,争取更大的发展空间和发展资源势在必行。① 杨威和闫蕾以拉斯韦尔"5W"模式为基础,探析了当代中华文化外译与传播的主要路径,对应传播者、内容、渠道、受众、效果这五个方面,将当代中华文化国际传播策略分为以下五个方面:其一,塑造博闻多识且德才兼备的传播者,借以提升传播公信力;其二,建构内涵丰富且感召力强的传播内容,借以提升传播畅通性;其三,融合形式多样、技巧多元的传播途径,借以增强文化载体的辐射力;其四,贴近受众日常习惯,消除传播障碍并打破文化偏见;其五,分析评估传播效果,实现社会成员共同的利益诉求。②

习近平指出:"要着力推进国际传播能力建设,创新对外宣传方式,加强话语体系建设,着力打造融通中外的新概念、新范畴、新表述,讲好中国故事,传播好中国声音,增强在国际上的话语权。"③随着中国经济力量和国际地位的上升,中国文化"走出去"的重要性愈显突出,承载着传播中国文化、塑造国家形象、服务国家政治和经济目标的重要使命。探究当代中国优秀文化外译与国际传播策略与路径,以创新的观念和策略向全世界展示中国优秀文化的博大性、丰富性、包容性,以及当代性和世界性,推进中国文化外译话语体系与国际传播能力建设、提升中国国际话语权服务,是当代中国译者与文化传播者的重要历史使命。

---

① 欧阳康:《世界的中国文化期待与中国的世界文化责任》,《社会科学战线》2010年第8期,第51—56页。
② 杨威、闫蕾:《当代中华文化国际传播策略探究——基于儒家文化传播历史经验之考察》,《学校党建与思想教育》2020年第24期,第4—10页。
③ 中共中央文献研究室:《习近平关于社会主义文化建设论述摘编》,中央文献出版社2017年版,第197—198页。

第四章

中华优秀文化外译人才培养理念与模式研究

当今世界正处在大发展、大变革、大调整时期,世界多极化、经济全球化深入发展,科学技术日新月异,各种思想文化交流、交融、交锋更加频繁,文化在综合国力竞争中的地位和作用更加凸显,维护国家文化安全任务更加艰巨,增强国家文化软实力、提升中华文化国际影响力的要求更加迫切。改革开放以来,中国社会主义现代化建设取得了巨大成功。中国经济的发展,综合国力的增强,带来了国家自尊心、民族自信心的提升。中国经济的崛起引起了世界对中国、中国模式以及中华文化的广泛关注。然而,中国对外文化交流和传播程度仍处于较低的状态。西方大型跨国传媒集团的经济实力、科技优势都非常强大,中国传媒传播实力与西方发达国家仍存在差距。中国经济要实现真正的崛起,必须弥补文化短板。

在文化软实力已成为国家核心竞争力的重要因素的今天,文化"走出去"是建设文化强国,增强文化软实力的必经之路。大力推动中国文化"走出去",不仅是夯实中国文化软实力的需要,更是应对经济全球化、时代国际文化竞争的需要。实现文化交流的使命,就必须传播中华文化,站在不同的角度讲好中华文化,让其走出国门,让世界认识中国。以此为使命的"中华外译"项目旨在传播中华文化,是中国学术高水平的体现。随着"中华外译"项目的实施,中国的学术著作将会传播到更多的国家和地区,这对中国加强国际话语权、构建中国特色对外话语体系具有非凡意义。

一、中华优秀文化外译人才培养的目标与意义

在文化"走出去"的背景下,文化外译人才肩负着向世界宣传中国、反映中国真实发展情况和树立良好形象、让中国走向世界的重任。翻译质量也会直接影响中国的对外形象。当前经济社会的快速发展、国家整体战略规划、翻译学科的不断完善和成熟以及翻译行业的发展等,都对翻译教育提出了新的挑战,也带来了新的机遇。新形势下,发展中国翻译教育是国家发展战略的需要、学科建设的需要及行业发展的需要。

(一)中华优秀文化外译人才培养的意义

1. 有助于讲好中国故事、塑造中国形象

语言文字对一个国家具有重要的战略意义。国家通用语言文字的普及、认同是国家认同、民族认同的基础,也是文化凝聚力的基础。要形成强大的文化凝聚力和影响力,需要提高国家通用语言文字普及程度、水平及其应用能力,提升语言文化吸引力。[1] 培养高校相关学科专业,尤其是外语专业学生的对外话语能力是新时代高等教育十分重要的责任,也是国际化人才培养的重要内涵之一。[2] 外语专业是培养国际化人才的重要阵地,外语教育不仅是外国语言、外国文学教育,更应注重培养学生用外语讲述"中国故事"的能力及国际对话能力。[3] 外语专业人才的核心品质包括全球意识、国际视野与比较思维等,学生能够较为敏锐地发现中外话语在内容、逻辑、方式等方面的共性与差异,促进国家或地区间的平等对话与交流。因此,外语专业人才培养的目标

---

[1] 魏晖:《文化强国视角的国家语言战略探讨》,《文化软实力研究》2016年第1卷第3期,第27—36页。
[2] 黄立鹤、马博森:《我国外语专业对外话语人才培养的目标内涵与实现路径》,《外语界》2020年第6期,第19—25页。
[3] 李宇明:《语言在全球治理中的重要作用》,《外语界》2018年第5期,第2—10页。

导向总体符合对外话语人才的素质培养需求。只有以国外读者想要听、愿意听的方式诉说"中国故事",才能真正与国外读者产生共鸣,达到传播的效应。

2. 有助于构建中华对外话语体系、提升文化话语权

"中国特色对外话语体系"是中国立足自身国情,面向国际社会,体现中国特色的思想、理论、战略、意识形态和核心价值观的系统化、条理化和规范化表达系统,关涉中国的治国方略、发展道路、文化传统以及全球治理等话语内涵和应用场域,①标记着中国对历史文化传统、社会发展演进、人类共同命运和国际秩序构建的认识、思考与担当。习近平总书记强调,要加强话语体系建设,着力打造融通中外的新概念新范畴新表述,要讲好中国故事,传播好中国声音,增强在国际上的话语权。对外话语传播的目的不是单向的自说自话,而是与目标受众积极互动,与对象国营造有利于双方经贸往来、政治互信和技术合作的舆论环境。② 在中国经济快速发展的今天,国际社会比以往任何时候都更加迫切地希望能够及时了解中国政策、中国立场以及中国观点。③ 因此,外译工作肩负着构建中国政治话语体系的历史使命。

3. 为中华优秀传统文化外译提供了支持

(1) 中华传统文化外译翻译人才培养为国家对外战略发展提供了政策支撑。随着国际合作的不断增强,全球化的趋势愈来愈明显,翻译逐渐成为实现国家发展战略必不可少的一环。为了不断提高综合国力和文化软实力,国家先后出台了一系列相关法律法规和政策规定,大力推动中国走向世界。国家"十二五"规划纲要提出了繁荣发展哲学社会科学的意见,教育部颁布了《高等学校哲学社会科学"走出去"计划》,全国哲学社会科学规划办公室和国务院新闻办公室与新闻出版总署也分别启动了国家社科基金"中华学术外译项目"和"中国文化著作对外翻译出版工程"。国家的一系列战略决策及规划

---

① 刘泰来:《习近平构建中国特色对外话语体系的战略思维》,《河海大学学报(哲学社会科学版)》2015年第17卷第1期,第14—19、89页。
② 郭亚东、陈新仁:《新时代我国对外话语研究的进展、议题与范式》,《外语界》2020年第6期,第12—18页。
③ 黄友义、黄长奇、丁洁:《重视党政文献对外翻译,加强对外话语体系建设》,《中国翻译》2014年第35卷第3期,第5—7页。

为中国翻译教育的发展提供了新的机遇和需求,要求翻译教学必须紧跟时代步伐,结合当前国家需要和时代特征,在人才培养、政策咨询、保障体系等方面为实现国家发展战略提供了必要的支持。

（2）中华传统文化外译翻译人才培养为翻译学科建设提供了人才支撑。虽然翻译学科已经在体制上得到了承认,但学科建设还需要深入研究。首先,翻译专业成立时间不长,2004年才开始逐渐在高等院校设立本科、硕士和博士阶段的翻译学学位点,并于2012年进入本科专业目录。下一步要做的,就是进行学科的内涵建设,加强翻译学科作为独立学科的理论问题探讨,包括对现有翻译教育现状进行深入调研、分析和了解,发现存在问题；针对不同学历层次、学位特征的翻译教育教学,在课程设置、教材建设、教学方法等方面凸显其特色,并进行理论建设等。其次,职业化时代的翻译教育需要紧跟翻译行业发展特点,实现翻译教育与翻译行业的接轨。随着全球化的来临,翻译进入职业化时代,而以培养应用型职业翻译人才为目的的职业翻译教育必须时刻关注翻译行业的发展及对职业口笔译员的需求和要求,培养适应行业和社会发展的人才。

（3）中华传统文化外译翻译人才培养为翻译及语言服务业提供必要的人才贮备。翻译及语言服务业的发展需要翻译教育的支持。目前中国翻译行业虽然发展迅速,但仍然存在合格翻译人才紧缺、企业规模偏小、市场管理不够稳定等问题。要促进翻译行业的健康发展,一方面需要继续加强翻译学科建设,培养出适合社会需要的翻译人才,为翻译行业的健康和可持续发展提供相应的口笔译人才和高级管理人才。另一方面,翻译行业的健康发展也需要翻译教育的相关研究者针对翻译行业需求开展相关研究工作,为翻译行业的健康发展献计献策。

4. 中华传统文化外译翻译人才培养的社会意义

（1）充分把握文化传统与文化创新的翕合,重视民族文化的自我认同和自我建构,并不断把握与现代文化的平衡,不断矫正发展方向以符合世界文化的发展潮流。在新的时代背景下,如何通过译介、话语体系构建等方式推动中华文化更好"走出去",扩大中华文明的影响力与感召力,是当下塑造中国新形象、建设文化强国研究的题中之义。由此,我们应重点关注时代背景下文化强国建设中的三对关系:本民族文化与异质文化的关系、历史传统与当下现实的关系、向内教化与对外认同的关系。

(2) 对外文化话语作为一种特殊领域的语言形式和高级文化政治语言,必然涉及权力与政治,与国家利益、国家安全、意识形态、对外形象和对外关系密切相关。这使得对外文化话语具有特殊的属性和鲜明的特征,政治敏锐性强、政治色彩浓厚是其最重要的特点。

(3) 中国对外文化话语体系建设是一个涵盖话语构建、话语翻译、话语传播、文化外译与传播语数据库建设等内容的系统性工程,相互影响、相互制约、互为前提和基础,是中国全球战略和对外政策面临的紧迫议题和关键难题。对外话语体系建设对讲好中国故事、传递中国声音、阐释中国特色,提升中国对外宣传质量、国际话语权和大国形象,实现外交政策目标、保护国家利益和安全,消除"中国威胁论"具有重要的现实意义和政策指导作用。

(二) 中华优秀传统文化外译人才培养目标

综合目前为止中华优秀传统文化外译的现状与未来面临的问题与挑战,中华优秀传统文化外译人才培养的目标包括如下五个方面:

第一,构建百年未有之大变局下国际传播专门人才队伍建设理论体系,加强中国国际传播能力建设。立足国际传播专门人才队伍建设和海外传播媒介利用现状,采用马克思主义、国际传播学、政治学、历史学、国际关系学、跨文化交际、话语分析、社会语言学、翻译学和修辞学等跨学科分析视角,对国际传播专门人才队伍建设进行研究,从而实现国际传播领域的学术研究创新和学科建设完善的双重目标。

第二,构建国际传播专门人才队伍培养体系。以整体观、一体化视角,全方位、多维度、系统化厘清中国对国际传播专门人才队伍的需求,以需求为导向培养百年未有之大变局下所需要的国际传播人才,即梳理对国内外国际传播专门人才培养模式,分别以构建学科体系、学术体系和话语体系为目标,实施整体性研究,达到"三位一体",协调一致,以改变国际传播专门人才培养与市场需求、国家战略需求相互脱节的局面。为党和国家"讲好中国故事,传播好中国声音,展示真实、立体、全面的中国"提供高素质人才保障和智力支撑。

第三,构建好国际传播专门人才队伍的媒介传播能力建设体系。以逻辑主线搭建研究框架,基于已有媒介建设成果、结合当前对外传播专门人才培养的情况与政策,探究未来对外传播媒介的建设方向,最终取得有效的媒介建设理论成果。通过深度分析当前传播媒介建设的成果与不足、寻求传播人才与媒介的结合,更好地为加强中国对外话语权建设做出贡献。

第四,提升国际传播区域化与分众化的实际传播效果,建构国际传播评价体系。提出国际传播中差异化、精细化、分众化和区域化的具体方略和实施路径,让国外受众在接受中国文化艺术的过程中感受其魅力,加深对中华文化的认识和理解。使传播效果既有中国鲜明特色又有国际表达、融通中外,实现民族性与国际化的高度统一,建构有力的国际传播评价体系。

第五,为中国的和平崛起营造良好的国际环境。通过构建国际传播专门人才队伍建设的理论体系、培养体系、媒介传播能力建设体系以及国际传播评价体系,提高国际传播效能,使对外话语的创造力、感召力、公信力不断增强,将中国特色社会主义理论体系、中华优秀传统文化艺术成果、习近平新时代中国特色社会主义思想以及现当代哲学社会科学优秀成果更好地传播出去,把中国故事讲得越来越精彩,让中国声音越来越洪亮。

二、中华优秀文化外译人才培养的现状与问题

(一) 中华优秀文化外译人才培养相关研究

1. 中华优秀文化外译人才培养的目标与意义的相关研究

曾祥敏和郄屹从新文科建设的总体要求入手,结合广播电视学专业改革、人才培养转型两大方面,探索"新文科"语境下二者的创新路径。[①] 罗永

---

① 曾祥敏、郄屹:《"新文科"语境下广播电视学专业和人才培养改革创新》,《中国广播电视学刊》2022年第9期,第19页。

忠和曹海霞依托"一带一路"倡议,分析了中国党史文化海外传播的当代价值,积极探索有效的海外传播策略。① 段鹏和王一淳分别从外部环境的变化,即国际关系对国际传播环境的倒逼和内部国情需求,即重构新发展阶段下的国际传播理论与战略体系,两个视角讲述新形势下加强国际传播人才培养的重要性和紧迫感。② 金勇、崔玉娇和李正荣认为,中国国际传播人才培养存在语言能力薄弱、高端人才缺乏、语言环境不够熟悉等问题,并提出"四轮驱动"打造一流国际传播人才的策略。③ 张恒军、章彦和宁晓晓回顾了中国国际传播人才培养的历程,提出当前中国国际传播人才培养的问题主要体现在专业设置针对性不强、人才培养目标不明确、课程设置缺少专业性和层次性、理论联系实际能力不高、业内资深人才短缺等方面。④

2. 国际传播专门人才队伍建设的相关研究

国际传播专门人才队伍建设聚焦于复合型人才培养模式和融媒体研究上。从国际传播能力上看,西强我弱、中国国际话语权小的局面仍没有得到改变,中国虽然已经是第二大经济体,但建设与中国国际地位相匹配的软实力仍任重而道远。这就需要我们尽快采取有力措施,加强国际传播专门人才的培养,切实提高中国的国际传播能力,改变有理讲不出、讲出传不开的被动局面。

在国家发展战略和教育深化改革的双重驱动下,国内关于高素质对外传播人才培养的研究方兴未艾。2009 年,政府部门联合六大主流媒体制定了培养"国际新闻传播后备人才"的方案。2018 年,教育部、中共中央宣传部发布《关于提高高校新闻传播人才培养能力实施卓越新闻传播人才教育培养计划 2.0 的意见》。2019 年,《新文科建设宣言》发布。培养国际新闻传播人才

---

① 罗永忠、曹海霞:《"一带一路"视域下中共党史文化海外传播探析》,《传媒》2022 年第 17 期,第 59 页。
② 段鹏、王一淳:《国际传播人才培育路径探析》,《出版发行研究》2022 年第 2 期,第 23—24 页。
③ 金勇、崔玉娇、李正荣:《"四轮驱动"打造一流国际传播人才》,《传媒》2016 年第 24 期,第 79—80 页。
④ 张恒军、章彦、宁晓晓:《加强国际传播人才培养的思考》,《新闻界》2013 年第 3 期,第 56—58 页。

已上升到国家战略的高度,通过建设中国特色、世界一流水平的新闻传播专业点,形成遵循新闻传播规律和人才成长规律的全媒化、复合型、专家型新闻传播人才培养体系,以期培养一大批适应媒体深度融合和行业创新发展,讲好中国故事、传播中国声音的优秀新闻人才。

2009年起,新闻传播学类专业点开始对外传播人才培养探索,国内研究内容主要分为三个方面:第一,通识性对外传播人才培养模式研究。研究阐述了"中国特色"对外传播人才模式的重要性及人才培养路径。如陈虹和郑广嘉提出了四跨模式,即"跨学科、跨领域、跨文化和跨媒介";[1]尹明华以复旦大学为例,总结了"部校共建"的实践经验;董小玉和金圣尧从方向、目标和途径三个角度,阐述了传播人才培养的变革。[2] 在已有的国内同类研究中,鲜有从课程体系、培养方案角度对高素质传播人才培养模式进行探索的。第二,专业方向的对外传播人才培养研究。如中医药文化的对外传播人才培养、播音主持对外传播人才培养、体育对外传播人才培养、茶文化如何走出去等。第三,区域对外传播人才培养模式研究。如海南、甘肃、云南和广西等地的地方高校的对外传播人才培养。国内的对外传播人才培养研究呈现散点多,无体系;理念多,方法少;方向多,路径少的特点。

目前国外的研究主要集中于传播技术技巧、语言能力等层面。中国的国际传播人才培养不同于西方,应该是在马克思主义新闻观指导下的国际化培养体系。对外传播人才的培养,可以借鉴西方的传播理论、先进的技术,但必须坚守国家立场,坚持用社会主义核心价值观武装学生的头脑,将课程思政坚决贯彻到对外传播人才培养的各环节中。

3. 高素质对外传播人才的能力需求研究

随着中国对外开放的进一步深入,对外传播人才培养趋势也发生了变化。首先,国家话语体系人才需求增大。中国在国际舞台上扮演了越来越重

---

[1] 陈虹、郑广嘉:《全球新闻传播人才培养模式创新》,《现代传播(中国传媒大学学报)》2015年37卷第5起,第140—143、148页。
[2] 董小玉、金圣尧:《新时代新闻传播教育的变革》,《当代传播》2019年第1期,第53—55页。

要的角色,但中国的对外传播能力和国际话语权等国家"软实力"仍然较弱,为国家培养和储备人才迫在眉睫。其次,行业个性需求明显。国家"中国文化走出去"及"中国交通走出去"战略的实施,使得文化和交通领域对外传播人才的需求量明显提升。再次,区域人才需求特色凸显。国家新一轮对外开放战略和"一带一路"建设,使得区域人才需求特色凸显。具备扎实的传播理论及广阔视野的新闻传播人才显得尤为重要。最后,对外传播人才能力需求倒逼人才培养改革。主要表现在两个方面:第一,应培养"一精多会、一专多能"的高素质国际化复合型人才。高素质对外传播人才能力需求综合化,应需具有人文素养、跨文化交际、复语等能力。第二,培养具有"专业技能+外语技能"的对外传播人才。"新文科"建设要求高素质涉外人才培养探索"专业+外语"模式,这也是对外传播人才培养的趋势。

(二)中华优秀文化外译人才培养急需解决的问题

1. 在厘清国际传播专门人才的概念和建设国际传播专门人才必要性的基础上,借用拉斯韦尔"5W 模式"的理论框架,从传播主体、传播内容、传播渠道、传播受众等方面探讨新时代国际传播专门人才队伍建设的理论体系。精准对标理论框架,从宏观角度制定能够指导人才培养的方案与路线。

2. 从学科体系、学术体系和话语体系三个方面展开讨论,包括如何在产学研三位一体的协同培养机制下,构建包含爱国情怀、国际视野和专业能力的培养方案;如何进行复合型师资培养和跨学科的学术研究;如何将中国特色话语体系塑造为言之有物的实话,让受众区域群众喜欢听、听得懂。

3. 考虑到当前中国在国际传播领域的局面,应从传播媒介和国际传播专门人才与传播媒介的研究入手,梳理现有海外传播媒介利用现状,对比中西传播媒介,分析"引进来""走出去"的成功与失败的案例,重点关注媒介的创新发展、人与媒介的结合,做好国际传播专门人才队伍与媒介传播能力体系建设。

4. 要想全面提升国际传播效能,建设适应新时代国际传播需要的专门人才队伍,除了要加强国际传播的理论研究,掌握国际传播规律,构建对外话语体系,提高传播艺术以外,还要采用贴近不同区域、不同国家、不同受众的精准传播方式,推进中国故事和中国声音的全球化表达、区域化表达、分众化表达,增强国际传播的亲和力和实效性。而建构国际传播评价体系,讨论用何种评判体系规范、指导、引领中国国际传播实务成为当下的研究重点。

三、"文明互鉴,文化融合"背景下外语人才的发展趋势

为探索中国人才培养的方向和路径。范奎耀提出为建设梯次结构合理、能力结构完备、衔接有序的国际传播人才队伍,需要贯彻终身教育理念,构建在国家指导下的国际传播人才终身教育体系。① 文秋芳建议采用"双轮驱动"策略,对教学内容进行调整,将"语言教育"与"传播教育"有机融合。② 贺明华通过对近三十年来国际传播人才培养历史的梳理以及与美国的比照,提出以政府为主导、市场化培养与尊重学术自由的培养模式。③

相关研究的主要发展趋势包括:

(一) 外语人才培养与国际传播专门人才队伍建设相融合

中国国际传播专业自设立之初至今已走过了四十多年。该专业最早设立于1983年,是在中宣部建议下,经教育部同意设立的一个二级学科(当时称国际新闻专业),由复旦大学、北京广播学院(现中国传媒大学)、中国社会科学院、上海外国语大学、厦门大学等单位开设。中国国际传播专业的发展并非一帆风顺,特别是1997年后,因学科调整,教育部又将国际传播专业划为新闻学下面的三级学科。尽管如此,国际传播专业作为一种发展模式一直

---

① 范奎耀:《关于构建国际传播人才终身教育体系的思考与建议》,《对外传播》2021年第10期,第16页。
② 文秋芳:《国际传播能力、国家话语能力和国家语言能力——兼述国际传播人才培养"双轮驱动"策略》,《河北大学学报(哲学社会科学版)》2022年第47卷第3期,第17页。
③ 贺明华:《国际传播人才培养系统模式探析》,《国际新闻界》2012年第34卷第10期,第59页。

被保留了下来,特别是 21 世纪以来,许多院校开设了国际传播专业,有的学校(如中国传媒大学)还形成了从本科生到博士生的完整培养体系,这些学校培养了数千名本科生、数百名研究生和博士生,积累了可贵的教学经验,摸索出了一套符合中国环境的国际传播教学模式。①

国际传播专门人才队伍建设的必要性分析和理论框架建构研究分为概念梳理研究、必要性分析研究和综合理论体系搭建研究。

1. 概念梳理方面。主要阐释国际传播专门人才的内涵及新时代国际传播专门人才的能力构成要件。一是国际传播专门人才的内涵。新时代国际传播专门人才不仅包括国家政府和传统媒体,还应包括企业公司、社会组织、新旧媒体等多领域从事国际传播工作的人员。二是新时代国际传播专门人才应是政治立场坚定、语言功底扎实、新闻业务娴熟、人文素养深厚的跨学科复合型人才。

国内学界对国际传播的定义经历了从以国家、政府为基本单位,向个人、企业组织、政府和媒体等多元传播主体转变的过程。国家政府、企业公司、社会组织、新旧媒体等领域从事国际传播工作的人员都应作为国际传播专门人才的培养对象。

新时代国际传播专门人才应是跨学科的交叉复合型人才。首先,政治立场坚定。牢固树立马克思主义新闻观,牢牢把握国际传播的正确方向。其次,扎实的语言功底。能够用外语独立采访、撰写和编辑新闻。再次,有娴熟的业务技能。除了扎实的传统意义上的新闻基本功外,还要学习、掌握现代传媒技术的基本理论和实务技能。最后,有深厚的人文素养。国际传播必定涉及东西方文化差异和价值取向的问题,深刻认知异国民俗传统和观念信仰,有助于增强传播的接受度和共情力。

2. 在必要性分析方面。随着中国国际地位和综合国力的提升,中国正一步步走向世界舞台的中央,吸引好奇目光的同时,也招致了不少偏见和误解,

---

① 刘笑盈、赵卓伦:《关于国际传播人才培养的思考》,《对外传播》2012 年第 2 期,第 24—25 页。

"中国威胁论"甚嚣尘上。同时,西方居强势地位,以美国为代表的西方国家基于强大的信息技术实力和优先发展起来的现代传播体系,试图消解中国意识形态话语,加深国际社会对中国的刻板印象。鉴于国内自身需求和外部舆论环境,面对新形势、新任务,中国亟须加强国际传播能力建设,传递中国话语力量,改善中国的国际形象,提升国际话语权。

3. 在理论体系方面。从传播内容、传播主体、传播媒介、传播受众四个方面,详细阐述国际传播专门人才队伍的理论体系框架。第一,传播内容,包括中国特色社会主义理论体系、中华优秀传统文化艺术成果、习近平新时代中国特色社会主义思想,以及现当代哲学社会科学优秀成果四个方面。第二,传播主体,随着融媒体时代的到来,国际传播呈现出大众化、娱乐化、社会化的属性,传播主体也从一元化逐步走向多元化。翻译人才、中国留学生、海外华侨等人员均可以发挥各自的优势,加入国际传播专门人才的队伍之中,为国际传播事业建设贡献绵薄之力。第三,传播媒介,顺应媒体融合的发展趋势,多模态开展全方位立体式国际传播,构建全媒体传播新格局。第四,传播受众,根据受众的知识水平、社会地位、地理位置等,推动传播模式从"标准化"向"精准化"转型,增强传播的亲和力和实效性。

(二) 国际传播专门人才队伍培养体系研究(如图 4)

1. 科学体系方面。科学体系培养是人才培养体系的前提,旨在培养一支具有爱国情怀、国际视野和专业能力的专门人才队伍,体现中国特色,传播中国实践,宣介中国理论、中国思想和中国主张。一是完善国际传播专门人才培养方案。二是健全国际传播专门人才学科培养机制。通过梳理国内外国际传播专门人才的培养模式,提出由政府、企事业单位和高校组成的"三位一体协同合作模式"(如图 5)。

2. 学术体系方面。一是加强复合型师资队伍建设。应培养"语言+技术+实践经验+海外师资"的复合型师资队伍。二是保障学科研究,加强学术体系构建。加强学术体系的构建,不仅能促进国际传播实践能力的提升,同时也会反推学术研究——多语和区域国别学术研究。学术体系是加快构

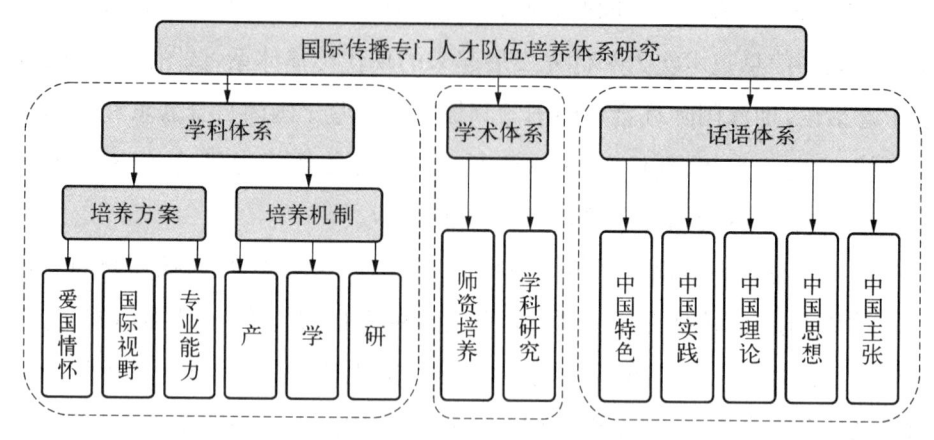

图4 国际传播专门人才队伍培养各要素关系图

建中国特色哲学社会科学的核心。① 师资学术体系是加强中华优秀传统文化外译与传播人才培养体系建设的重中之重。

3. 话语体系方面。中国在国际传播实践中存在传播人员构建对外话语体系能力较弱、缺少构建融通中外话语体系的能力、仅强调构建传播方的话语体系等问题,亟须探索国际传播的新概念、新范畴、新表述,创造具有中国特色、阐释中国问题、促进中国社会发展的新理论。只有努力探索具有中国特色的教育理念与方法,构建具有中国特色的话语体系,使之展现中国特色、传播中国实践、诠释中国理论、传递中国思想、表达中国主张,才能立足国际舞台。

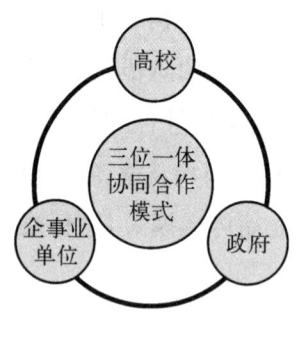

图5 "三位一体协同合作模式"图

(三)国际传播专门人才队伍与媒介传播能力建设

研究主要包括媒介的沿革、当前媒介传播的问题,以及具体传播案例分

---

① 谢伏瞻:《加快构建中国特色哲学社会科学学科体系、学术体系、话语体系》,《中国社会科学》2019年第5期,第4—22、204页。

析。移动社交媒体的运用拓展了中国对外传播新场域,中央外宣媒体推动建立全球信息传播新秩序。① 陈琳和胡燕从学术话语对外传播方面提出了加强主体的中外联合性、多元性,重视以传播结果为导向的思路。② 以民族史诗典籍对外出版与传播为例,吴斐指出了当前中国史诗典籍出版传播存在内部不均衡、过度看重出版而非传播、图像出版传播技术尚不成熟等问题。③

1. 现有媒介。当前传播媒介依然以西方媒介为主流,中国的传播媒介面临媒介类型单一,宣传方式缺乏吸引力;宣传政治性、专业性较强;海外对中国依然存在着较大的误解和敌意等问题。未来应当精准设定方向,关注个人能力的激发、传播内容的多样化探索、定位与开发受众群体等方面。

2. 媒介创新方向。当前中国媒介传播能力呈现多端齐头并进的态势。从当前国际社会的总体形势上看,新媒体传播门槛更低、速度更快、周期更短,能更好地捕捉最新变化和热点问题。应通过分析新媒体传播案例推动媒介传播能力建设。

3. 中西传播媒介对比。应深度研究中西方选取的传播题材的好感度和媒介普及度,通过赋能体系进行可视化数据分析,直观地探求西方传播媒介中的潜在抓手和支点。

(四) 区域化、分众化国际传播专门人才的培养

1. 区域化国际传播专门人才培养路径。应培养具备区域性国际传播能力与区域化国际传播能力的融合型人才。

2. 分众化国际传播专门人才的培养路径。一是构建分众化表达能力的

---

① 朱鸿军、蒲晓、彭姝洁:《中国对外传播 40 年回顾》,《对外传播》2018 年第 12 期,第 8—10、1 页。
② 陈琳、胡燕:《学术话语对外翻译传播的逻辑、问题与策略》,《上海翻译》2022 年第 5 期,第 58—64 页。
③ 吴斐:《视觉文化时代我国民族史诗典籍对外出版与传播研究》,《贵州民族研究》2022 年第 43 卷第 2 期,第 131—137 页。

培养体系，包括对传播受众的分类能力、对传播内容的选取能力、对传播媒介的使用能力。二是情感价值连接能力的培养，包括受众心理的学习、与区域化国际传播能力的结合等。

3. 国际传播评价体系。首先，指标体系构建原则应体现科学性、客观性、可操作性和开放性的特征。传播架构围绕"能力-效力"进行，前者为后者的基础、条件、致效因素，后者为前者的考察因素。"传播速度"（事件响应时间、发文频率）与"传播强度"（原创报道量、报道篇幅、报道议题属性）两个指标计算传播议程设置能力；"传播广度"（转引量、转引来源媒体、转引来源国别及地区）与"传播深度"（转引篇幅、转引议题属性偏向）两个指标计算传播议程设置效力。设置权重分配时需以受众反应行为为首要标准。

国际传播专门人才队伍建设的理论体系研究，国际传播专门人才队伍培养体系研究，区域化、分众化国际传播专门人才的培养和国际传播专门人才队伍与媒介传播能力建设研究，这四部分内容互为依托，密切关联，共同构成国际传播专门人才队伍建设的完整体系。

（五）国际传播专门人才队伍建设目标

中华优秀传统文化对外翻译和传播人才的培养应以高水平、宽口径、多元素养、复合能力为培养理念，兼顾理论与实践、兼重人文与艺术、兼容社科与理工，为国家培养具有国际视野的卓越信息传播人才。发挥外国语言文学与新闻传播学"外语＋传播"的学科优势，从培养规划、培养机制、培养体系等维度制订国际传播高水平人才培养方案，探索国际传播人才选拔机制和一体化管理模式，建设国际传播人才培养师资团队，整合外语、传播专业人才培养教学资源，构建学科前沿的国际传播实习实践实训平台。

基于以上主目标，还可分为四个具体建设目标：

1. 制订复合能力培养方案。国际传播专门人才培养方案是国际传播专门人才培养体系的前提，旨在培养一支具有爱国情怀、国际视野和专业能力的国际传播队伍，体现中国特色、传播中国实践、宣介中国理论、中国思想和中国主张。此外，培养方案中还应在以上方面能力培养的基础上，增加国际传播专门人才培养评估体系。

2. 确立"外语＋传播"的国际传播人才选拔机制。学院对学生培养管理应采取滚动机制，实行动态选调。按照"以学业成绩为基础、以综合素质和学术潜质为核心"的原则进行学生培养模式与方向的选择，调整和定向选拔补充；制订符合培养目标的选拔计划、选拔考核方案及相应的人才培养过程管理（动态选调）办法。

3. 整合资源，建设复合型国际传播人才培养团队。复合型国际传播专门人才的培养离不开复合型师资队伍的建设，这一点要求教师应具备不同的学科与专业背景及丰富的相关从业经验。培养具有专业知识和能力的复合型、跨学科师资，对有效进行跨学科人才培养尤为重要。

4. 协同育人，建设系统化的实训、实践平台。应建成依托对外宣传项目、高层次交流交换项目、线上实践训练平台的国际传播综合人才培养体系；建设以思想教育、学术竞赛、课题研究、社会实践、创业创新为主的第二课堂；打造跨专业，跨中外，跨高校、政府、媒体的协同育人机制。

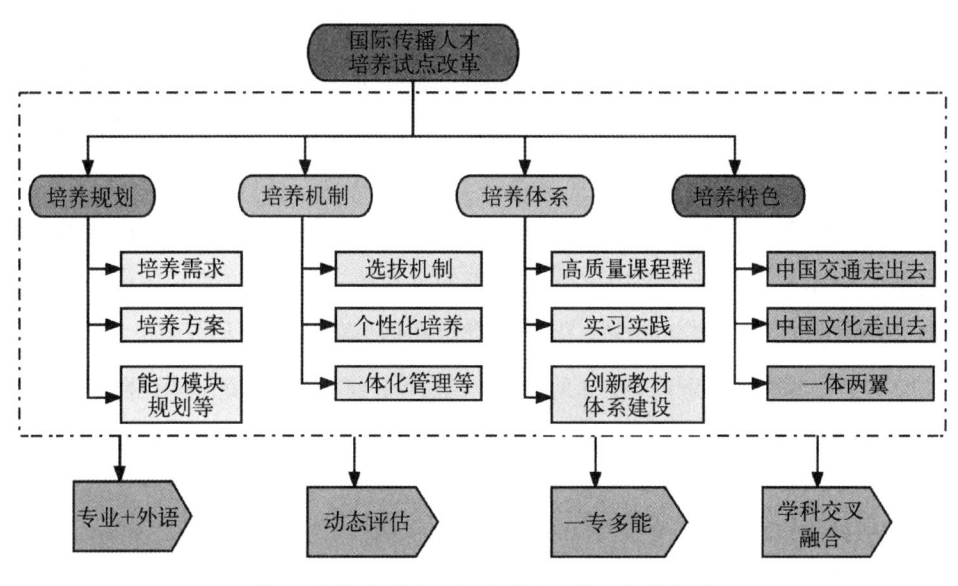

图 6　国际传播人才培养试点改革工作流程图

四、文化外译人才培养的目标与方法

(一) 文化外译人才培养的目标

随着中国的快速发展和中外交流广度与深度的日益拓展,世界对中国的信息需求越来越多,中国各个领域前所未有地全方位呈现在国际社会面前。尤其是党的十八大以来,习近平总书记提出了"创新对外宣传方式,着力打造融通中外的新概念新范畴新表述,讲好中国故事,传播好中国声音"等一系列新理念、新思路、新要求,对更有效、更深层次地推进对外文化交流和国际传播能力建设,对翻译工作特别是"中译外"能力和水平设定了明确的新目标。

1. 翻译人才培养的重心是提升学习者的翻译能力

姜秋霞和权晓辉认为,翻译能力应至少包括语言能力、文化能力、审美能力、转换能力;[①]文军指出,翻译能力由语言/文本能力、策略能力、自我评估能力组成。[②] 外国学者认为翻译并非简单的双语转化技能,而是一个十分复杂的概念,它涵盖了语言技能、百科知识、转换能力、工具技能、策略选择、认知过程和心理特质等方面。因此,要从事中国文化外译工作,仅具有双语能力显然是不够的。双语能力和有关中国文化的语言外能力是基础,同时还要具备关键性的翻译知识与解决外译过程中出现的翻译问题以保证翻译有效性的能力,最后还应掌握熟练运用文献资料和翻译工具的能力。

现阶段高等学校本科翻译专业旨在培养德才兼备、具有宽阔国际视野的通用型翻译人才。毕业生应熟练掌握相关工作语言,具备较强的逻辑思维能力、较宽的知识面、较高的跨文化交际素质和良好的职业道德,了解中外社会文化,熟悉翻译基础理论,较好地掌握口笔译专业技能,熟练运用翻译工具,了解翻译及相关行业的运作流程,并具备较强的独立思考能力、工作能力和

[①] 姜秋霞、权晓辉:《翻译能力与翻译行为关系的理论假设》,《中国翻译》2002年第6期,第13—17页。
[②] 文军:《论翻译能力及其培养》,《上海科技翻译》2004年第3期,第1—5页。

沟通协调能力。毕业生能够胜任外事、经贸、教育、文化、科技、军事等领域中一般难度的笔译、口译或其他跨文化交流工作。由此得出,翻译专业人才培养的目标是培养适应全球经济一体化及满足国家国际竞争力的需要、适应国家经济、文化、社会建设需要的应用型、专业性的口笔译人才。[①]

在全球化传播的今天,国际传播人才将不再仅仅是外语人才或者国际新闻人才,而是拥有较高外语水平的多种学科、多种知识背景的人才。为了适应新形势对高素质国际传播人才的要求,人才培养的主体——高校和国际传播机构本身——在人才培养方面需要随着社会的发展,结合中国自身的特点,不断调整其培养目标和培养方式,努力培养具有中国特色的国际传播人才。

然而,现阶段的翻译教学并没有紧跟时代发展的潮流,仍有不少学校对翻译领域的诸多变化存在或关注不够,或应对不足的情况。多数翻译专业以翻译基础课程、基础翻译课程,以及以不同名称出现的"中高级"翻译类课程为主,以培养通用型翻译人才为重,同质化严重。[②] 因此,在国际化背景下,优化教学大纲、完善教学内容、创新教学模式以及优化翻译师资队伍是当下需要解决的问题。

从"中华外译"项目实施十年的总体情况来看,无论是从项目数量,还是文化传播的角度,项目前景都是一片光明。将来会有更多的学者和研究人员致力其中,改善不足、填补空白,为制定中国学术作品翻译的标准和传播中国的传统文化注入更多的力量。我们一定要利用"中华外译"项目这座桥梁,把中国的学术著作传播到世界各国,让中国学术真正走出去,让世界了解中国道路、中国战略和中国文化。

语言文字对一个国家具有重要的战略意义。国家通用语言文字的普及是国家认同、民族认同、文化凝聚力的基础。要形成强大的文化凝聚力和影响力,需要提高国家通用语言文字的普及程度、水平及应用能力,提升语言文

---

① 仲伟合:《翻译专业人才培养:理念与原则》,《东方翻译》2010年第1期,第10—14页。
② 任文:《新时代语境下翻译人才培养模式再探究:问题与出路》,《当代外语研究》2018年第6期,第92—98页。

化的吸引力。① 高校相关学科专业,尤其是外语专业学生的对外话语能力培育是新时代高等教育十分重要的责任,也是面向未来的国际化人才培养的重要内涵之一。② 从外语专业的培养目标来看,外语专业是培养国际化人才的重要阵地,外语教育不仅是外国语言、外国文学教育,更应注重培养学生用外语讲述"中国故事"的能力及国际对话能力。③ 外语专业人才的核心品质包含全球意识、国际视野与比较思维等,学生能够较为敏锐地发现中外话语在内容、逻辑、方式等方面的共性与差异,促进国家或地区间的平等对话与交流。因此,外语专业人才培养的目标总体符合对外话语人才的素质培养需求。只有以国外读者想要听、愿意听的方式诉说"中国故事",才能真正与国外读者产生共鸣,达到传播的效果。

2. 建立中国对外话语体系、提升文化话语权

"中国特色对外话语体系"是中国立足自身国情,面向国际社会,体现中国特色的思想、理论、战略、意识形态和核心价值观的系统化、条理化和规范化表达系统,关涉中国的治国方略、发展道路、文化传统以及全球治理等话语内涵和应用场域,④标志着中国对历史文化传统、社会发展演进、人类共同命运和国际秩序构建的认识、思考与担当。对外话语传播不是单向的自说自话,而是与目标受众积极互动,与对象国营造有利于双方经贸往来、政治互信和技术合作的舆论环境。⑤ 在中国经济快速发展的今天,国际社会比以往任何时候都更加迫切地希望能够及时了解中国政策、中国立场以及中国观点。⑥ 因

---

① 魏晖:《文化强国视角的国家语言战略探讨》,《文化软实力研究》2016年第1卷第3期,第27—36页。
② 黄立鹤、马博森:《我国外语专业对外话语人才培养的目标内涵与实现路径》,《外语界》2020年第6期,第19—25页。
③ 李宇明:《语言在全球治理中的重要作用》,《外语界》2018年第5期,第2—10页。
④ 刘泰来:《习近平构建中国特色对外话语体系的战略思维》,《河海大学学报(哲学社会科学版)》2015年第17卷第1期,第14—19,89页。
⑤ 郭亚东、陈新仁:《新时代我国对外话语研究的进展、议题与范式》,《外语界》2020年第6期,第12—18页。
⑥ 黄友义、黄长奇、丁洁:《重视党政文献对外翻译,加强对外话语体系建设》,《中国翻译》2014年第35卷第3期,第5—7页。

此,外译工作肩负着构建中国政治话语体系的历史使命。

(二) 文化外译人才的基本要求

1. 扎实的语言功底

现阶段中国文化外译特别缺少中译外的高级人才,而外译人才培养状况也不理想。文化外译难度大,对翻译的要求高,需要加以重视。译者需充分考虑受众的文化背景和理解能力,具备多文化、多语言互通与转换的超强能力,原著的思想性、理论性与吸引力,以及感染力等。[①] 译者要精心选择有利于受众理解和接受的译语表达,提高传播的效果,做到真正把中国声音传播到世界各地。因此,学生们需要在学习过程中积累扎实的语言功底。扎实的语言功底表现为对英、汉两种语言正确的理解和纯熟的运用,是从事翻译最基本的条件。英语不精,不可能正确理解英语原作的思想内容,更谈不上把握作者的语言风格、神韵和思想脉络。与此同时,外译需要注重外国读者的阅读体验,这要求我们拿出去的译文质量过硬,在忠实体现原作精神的基础上还要符合读者的口味,通顺、有当地语言的风格。但是,以中国译者的作品外译比较难达到这样的要求。因此,应该更多鼓励中国译者与国外译者进行译本交流,中外译者协作翻译,甚至采用资助国外译者翻译,中国译者负责审校的翻译形式,允许译者对文本进行改动,有所取舍。与国内译者相比,国外的本土译者的译文更加地道,并且能迎合外国读者的需求,能够达到更好的传播效果。这种"保持读者安居不动,让作者去接近读者"的做法,更符合中国现阶段外译工作现实。通过国内外译者的交流与学习,也能提升国内译者的英文水平。

2. 广博的知识储备

译者除了深厚扎实的语言功底外还要熟悉外语国家的历史、宗教、政治、地理、军事、外交、经济、文艺、科学、风土人情、民俗习惯等社会文化。如今中

[①] 杨庆存:《中国文化"走出去"的起步与探索——国家社科基金"中华学术外译项目"浅谈》,《中国翻译》2014年第35卷第4期,第5—7页。

国的翻译教学涉及方方面面内容,也有中译外的教学,但并没有深入展开,也没有从文化外译的角度进行学习。① 要解决此问题,需要在专业知识课的基础上,开设涉及经济、政治等广泛的学科领域通识课程以扩大学生的知识面,增强学生们分析解决问题的能力,使学生构建更广博的知识空间。一位称职的译者应该是一位读书爱好者。译者只有多读书才能不断丰富、加深、掌握更多的语言知识。与此同时,读书不能仅限于专业书籍及教材,应广泛涉猎,做到读万卷书,行万里路。

3. 跨文化交际意识

译员就是要在不同文化背景的交际方之间建立一个通畅的通道,促进有效交流的完成。也就是说,译员要具备良好的跨文化交际能力,帮助交际双方实现真正的沟通与合作。在文化外译中,译员需要充分尊重海外读者的文化需求,尊重市场规律。中国外译作品要想在国外出版,需要满足国外读者的需求。在增强跨文化交际意识方面,首先,高校教学人员要积极转变教学理论,从思想上增强教授跨文化交际的意识,用思想带动行为,将其落实到实际教学中。在传统外语教学中,绝大多数教师只是将语法、词汇以及句型等作为重要的教学内容,很少涉及文化相关的知识。在跨文化交际背景下,教师需要转变思想观念,从高校教学大纲出发,对跨文化交际内容进行有效讲解和渗透,在日常教学中落实跨文化交际内容,不仅要培养学生必备的基础知识,更要提高其交际能力、表达能力,拓宽学生的文化视野。其次,以往在高校外语教学中,更注重的是内部结构和语言形式教学,忽视了语言本身的意义和语言形式间的联系,使得学生对语言的学习只停留在表面,而没有深入知识深层意义。因此,教师需要积极改进教学方法,提高学生学习的积极性,加强教学实践,提高教学效率。最后,为了进一步落实跨文化交际教学,教师应当从高校教材出发,构建开放式教学模式,明确教学目标,利用符合学生认知的教材内容,给学生提供更广阔的学习环境,拓展思维,增强学生对文

---

① 黄友义:《从翻译工作者的权利到外宣翻译——在首届全国公示语翻译研讨会上的讲话》,《中国翻译》2005年第6期,第31—33页。

化间的感知能力,使其逐步具备文化意识。

4. 翻译理论与实践经历

翻译是一门实践性很强的学科,翻译教学要与课外实践活动紧密结合。课外学习与实践是课堂教学的扩展,是培养学生翻译能力的重要途径,应在教师的指导下有目的、有计划、有组织地进行。课外学习和实践活动应以课堂教学为基础,并对课堂教学内容进行补充,激发学生的学习兴趣,培养学生的学习能力、语言综合运用能力、组织能力、交际能力、思维能力和创新能力。高校要多开设翻译实践课程,最大限度地帮助学生在校内、校外获取实践机会,磨炼翻译技能,在实践中进行学习与总结。

(三) 文化外译人才培养模式探索

1. 体制机制创新

文化外译人才培养需要体制机制的创新。首先,相关部门需要有长远的战略眼光,在高等教育体系中布局一批中国学术著作海外传播学科点,尤其是中国社会科学院、北京大学、中国人民大学等以哲学社会科学研究见长的科研院所和高等院校。宜在博士研究生层次设点,培养一批拥有跨学科学术背景、娴熟外语水平、熟悉国外学术研究话语、与国际同行交流密切的中青年学者队伍,让中国学术在世界的发声越来越强。其次,在教学过程中,专业教育必然要落实到课程建设和课程发展上来。课程建设是专业建设最关键的环节,是提高教学质量的根本途径。学科发展为专业建设提供的是理论基础和知识体系,而确定合理的课程体系尤其是专业基础课程和主干课程是专业建设的核心。在全球化的大背景中求生存、谋发展就要着眼国际市场调整专业课程体系。从课程改革方面来看,倡导人文课程、拓宽基础性课程,重视综合性课程是国外高校课程改革的趋势。我们也要顺应时代潮流,以全球化的视角创新教育体制机制。最后,现代社会需要大量复合型、有后劲的高素质人才。因此,专业改革与建设必须注重专业与基础课程的合理拓宽。只有从根本上改变专业设置过窄、过细,课程体系过于专业化的做法,课程改革才能顺利推进。

2. 教育教学改革

现阶段的教学大纲着重对学生听、说、读、写综合应用能力的培养,往往忽视了对学生国际意识和国际视野的培养。① 因此,教师在进行其他专业的翻译教学时,要适当加入对翻译理论、翻译技巧的讲解,不仅要让学生掌握翻译方法,也要让他们明白翻译的原理,帮助学生学以致用、举一反三。教学内容不能"一刀切",要结合各专业的特色和需要,加强翻译教学与专业的契合度,培养具有较高翻译水平的专业人才。在国际化教育背景下,高校应多为学生创造语言环境,尤其是国际贸易、金融、工商管理等专业的学生,语言的浸泡对于学生语言转化能力的提升有着重要的作用。教师在进行翻译教学时,除了要教授语言差异比较、中西方翻译理论、翻译技巧和翻译赏析等课程外,还要强调翻译实践的重要性,加大翻译实践在教学中的比重,并制定合理的翻译实践考核制度,使学生在思想上和行动上重视翻译实践。同时,教师要及时更新教材内容。任课教师在教学进度允许的情况下可适当补充一些和当下热点相关的翻译内容,激发学生的学习兴趣。在国际化的大背景下,教育肩负着传播中国文化的重任,翻译教学是其中的重要一环。教师可以在课上为学生补充中国历史文化的相关内容,让学生在学习翻译的同时更加了解中国文化。

在教育评估中,也要改变目前鱼龙混杂的从业现状,真正遴选出高质量的中译外人才。要在已有的考核方式上,建立一套行之有效的认证与考核体系,考察双语次能力、语言外次能力、翻译知识次能力、工具次能力、策略次能力,甚至包括心理、生理要素在内的各种翻译能力。从中译外人才的考核和评估来看,可以将全国二级翻译专业资格水平考试作为MTI学生毕业的必要条件;还可以发挥翻译教育指导委员会、翻译行业协会与社会组织的作用,用不同领域的翻译要求检测和监督从业人员的能力要素。尤其要注意的是,考核与评估不应仅将重点放在字词的选择是否精准上,而是应该检验译文整体的表达能否达到翻译要求,能否准确运用翻译策略,能否准确表达原文的

---

① 吴赟:《翻译能力建构与中译外人才培养》,《外语学刊》2015年第1期,第148—153页。

内容、意旨和观点,能否解除外语读者文化的障碍,实现自然通畅的阅读体验。此外,因为此类考核多为笔试,无法评估应试者的工具次能力,所以还应衡量应试者对翻译软件、数据库等的工具运用能力,全面考察翻译人才的专业能力和职业素养。

3. 翻译、出版行业规范

在文化外译中,需要制定翻译行业的标准与规范,引入市场准入机制。要改变目前"低准入、无准则"的现实,就必须建立具有普遍践行意义的翻译行业准则和规范,并设立专门的管理机构进行整体的统一性管理。除了现有的由国家市场监督管理总局颁布的《翻译服务规范第一部分——笔译》(2003)、《翻译服务译文质量要求》(2005)、《翻译服务规范第二部分——口译》(2006)规则之外,还要制定具有强制约束力的翻译管理标准。明确文化外译和传播的战略地位和语言规范。具体而言,就是要界定翻译标准,制定有关翻译时限、对象客户、翻译中介、翻译争端等环节的规范,按重要程度、领域拟定不同的翻译规范文件,尤其要提升对外文化交流和传播的翻译语言和语言翻译的质量要求和安全意识。另外,还要引入客观的市场准入机制,在专门机构的统一约束下,进一步对翻译行业进行规范化管理。

4. 合作交流机制

国内翻译学者应与海外译员形成合作交流机制,补足对方短板,实现"母语译员审核"的合作局面。如前文所述,海外译者积累了相对丰富的经验,向他们汲取知识能够帮助中国本土译者高质量地开展译介活动。[①] 近年来,国家新闻出版署与英国、澳大利亚等国家的翻译机构合作承办了几期中英文学翻译研讨班,专门邀请海外著名译者与作家,与几十位从事汉译英的中国译者进行交流探讨,通过文学翻译的实例分析提升本土译者们的翻译成效。可以扩大交流规模和范围,发现并培养更多的翻译人才。相关部门、出版机构和学术机构应在机制、政策、资金等方面提供支持,吸引更多的学者一同构建海外传播的理论体系,加速推进中国学术著作走向海外。

---

① 吴赟:《翻译能力建构与中译外人才培养》,《外语学刊》2015年第1期,第148—153页。

第五章

中华优秀文化多语传播数字化建设

20世纪90年代以来,数字技术突飞猛进,中华优秀传统文化的数字化储存、保护和传播逐步升温。① 人工智能为数据获取、数据整理提供了强有力的算法支撑,使数据收集和整合更加智能高效。数字化有助于中华文化的深度挖掘,可跨越历史、空间、地域维度的限制,为文化资源的修复、保护和传承提供全方位的服务,多元数字化的呈现形式也使文化资源的传播更加多样化和立体,使受众更为直观地理解传统文化,增强了文化传播的生命力。

中国文化数字化建设主要包括建设数字化公共服务平台与传播平台,以及资源数据库;主要研究数字化技术在文化保护、文化创新继承和文化传播等环节中的开发和运用。研究主要包括中华传统文化和现当代文化。其中中华传统文化数字化建设中更多关注文化遗产(物质文化遗产和非物质文化遗产)及地域文化。

一、文化数字化研究成果

在中国知网上,以"文化数字化"为关键词进行穷尽式检索,发现2010—2022

---

① 高卫华、贾梦梦:《传统文化数字化传播有待解决的几个问题》,《当代传播》2016年第2期,第43—45页。

年共有292篇核心期刊论文成果,从研究的数量来看,尚处于起步阶段。笔者将围绕文化数字化建设的三种路径对国内已有的文化数字化研究成果进行分述。

(一) 数字化服务平台建设

文化数字化服务平台建设主要包括"平台设计""平台建构""平台管理"等环节。中国文化形态多样、系统庞杂。如何从博大精深的中国文化中聚焦某一分支,甄别和选择数字化平台对其进行展示,其设计原则、呈现形式、功能实现等都是平台建设的重难点。

从文化数字化平台内容上看,关于非物质文化遗产的数字化传承和保护研究成果共有94篇,占比最高,约占总量的32%,故以非物质文化遗产数字化平台建设为例,详见表5。

表5 2010—2022年非物质文化遗产相关研究汇总

年份(年)	非物质文化遗产内容
2020	罗宝权(剪纸艺术)、李凯(壮族师公舞蹈)、刘淑强等(潞绸)、杨帆等(传统农业文化)
2019	陈方(黄州"五龙奉圣"灯会)、刘雨等(少数民族体育)、艾雾等(青海非遗)、邓抒扬等(雕版印刷)
2018	王伟杰等(贵州少数民族)、郭巍等(武术)
2017	姚松奇等(茶文化)、欧阳爱辉(壮族师公舞)、梁平安(广西壮族体育)
2016	何岩(民俗非遗)、郜玉金等(新疆非遗)、孙向阳(苗族史诗)、冯涛等(藏族舞蹈)
2015	万会珍等(民族传统体育)
2014	常凌翀(西藏非遗)
2013	刘勋等(甘肃非遗)、项建华(常州乱针绣)、代俊波(满族非遗)
2012	戴超平等(体育非遗)、程娟(陶瓷文化)
2011	林毅红(黎族传统纺染织绣工艺)
2010	代俊波等(满族非遗)

从文化数字化平台设计上看，文化数字化平台设计环环相扣，以人性化设计为原则，只有采用成熟合理的平台建构方案，才能完成文化保护和发展文化产业。胡杰等提出公共文化服务数字化平台延伸了公共文化阵地。① 此外，数字化平台前期构想非常重要，应充分考虑如何使文化内容走进民众、贴近民众、服务民众。宋艺文在巩义石窟寺文化遗产数字化设计中采用了数字化档案保护方案。② 王萍和雷江霞在传统村落文化数字化传播中提出顶层设计、统筹协调，聚合关联、分众分道的设计理念。③

从文化数字化平台建构来看，数字化平台以共享便捷高效的特点担当着阐释文化、再现文化和传播文化的使命。文化数字化平台是集文化学习、文化体验、文化产品、文化传播于一体的大型网络平台，可以通过影像、动画、光影、声效等形式，使文化内容的传递更加生动。文化平台利用移动媒体客户端、虚拟博物馆等方式增强平台的体验与互动性，最大程度实现平台内容传播。刘清堂等将 3DS Max 建模技术与三维全景技术相结合，以土家民俗为主线，设计土家器乐虚拟博物馆，呈现土家器乐及其文化内涵。④ 韩君和靳伟霞搜集天津民俗文化故事，综合声音、动画、视频等多媒体内容，制作数字化读物 APP。⑤ 周宇等提出将乡村旅游项目"在地活化"创新融合于农旅数字文创产品中。⑥

从文化数字化平台管理来看，数字化平台管理系统存在速度慢、效率低、安全性能差等问题。郑红京探讨了区域文化发展背景下的图书馆旅游信息

---

① 胡杰、万萱、李芳宇：《数字化公共文化平台界面的人性化设计研究》，《包装工程》2015 年第 36 卷第 22 期，第 43—46、56 页。
② 宋艺文：《巩义石窟寺文化遗产数字化建档保护传承研究》，《档案管理》2020 年第 4 期，第 71—72 页。
③ 王萍、雷江霞：《传统村落文化数字化传播：现状、问题与应对》，《图书馆》2019 年第 8 期，第 7—12、22 页。
④ 刘清堂、雷诗捷、章光琼、黄景修、张星：《基于虚拟博物馆的土家器乐文化数字化保护与传承》，《湖北民族学院学报（哲学社会科学版）》2017 年第 35 卷第 5 期，第 11—15 页。
⑤ 韩君、靳伟霞：《天津民俗文化的数字化读物 APP 设计研究》，《包装工程》2017 年第 38 卷第 20 期，第 179—183 页。
⑥ 周宇、徐永顺、沈祥胜：《论乡村旅游创意设计与文化激活——兼论楚文化的数字化传播》，《传媒》2019 年第 10 期，第 77—80 页。

资源的数字化管理与优化研究。① 陈少华基于虚拟现实技术设计了非物质文化遗产资源数字化管理系统,提升了管理的安全性和效果。②

(二) 数字化传播平台建设

数字化传播平台是提供数字化文化服务的重要形式之一,为中华文化"走出去"打下了坚实的平台基础。此处的数字化传播是广义上的传播,指一切与中华文化有关的数字化信息资源的活动,是数字化时代文化融入民众的主要方式之一,集中表现了传统中华文化及现当代文化,也是中华文化继保护和继承后的价值增值过程。

数字化传播是经济社会发展的需要,是信息时代文化遗产的成长和价值增值过程,提高了公众对文化遗产的保护意识和对优秀传统文化的认知,有助于文化根脉的延续。③ 建设文化强国,需要坚持立足中国、面向世界,更好地促进中华文化与各国文化交流互鉴。文化数字化传播平台为国内外不同受众群体提供了更广阔、更具影响力的内容,让更多人能感受文化的丰富与多元,体验跨越时空的文化艺术魅力。

王萍和雷江霞④提出可以通过顶层设计、统筹协调,聚合关联、分众分道、传受同频、情感共振、动静皆宜、沉浸体验、弘扬传统、对接当下、尊重民意、汇聚民智等方法逐步解决传统村落文化数字化传播过程中存在的问题。艾雾等在建设青海省非物质文化遗产数字化传播平台的前期,以问卷调查的形式对当地居民对本省非物质文化遗产认知状况进行了统计。⑤ 朱涵钰提

---

① 郑红京:《区域文化发展背景下的图书馆旅游信息资源数字化管理与优化研究》,《图书馆》2015 年第 8 期,第 90—93 页。
② 陈少华:《基于虚拟现实的非物质文化遗产资源数字化管理系统设计》,《现代电子技术》2020 年第 43 卷第 16 期,第 89—91 页。
③ 汪海波、郭会娟、李林森、王选:《供给侧改革背景下的文化遗产数字化传播研究》,《艺术百家》2017 年第 33 卷第 1 期,第 105—109、161 页。
④ 王萍、雷江霞:《传统村落文化数字化传播:现状、问题与应对》,《图书馆》2019 年第 8 期,第 7—12、22 页。
⑤ 艾雾、李继晓、张国霞:《青海省非物质文化遗产数字化传播平台构建思考》,《图书馆理论与实践》2019 年第 10 期,第 100—104 页。

出应利用大数据、虚拟现实、人工智能和区块链等数字化信息技术打造黄河水文化传播新平台,从传播的可视性、趣味性、高效性和安全性等方面提升黄河水文化传播的效率和效果。① 贾菁提出应运用人工智能、大数据等技术传播、保护、管理非物质文化遗产。② 徐文阐释了网络时代数字文化对中华文化全球传播的推动作用,探讨了网络时代中华文化数字化传播机制,提出了数字化全球传播的策略,即构建开放、共享的中华文化数字传播平台,以科技创新带动中华文化数字传播,以智能社交助推中华文化数字传播。③

(三) 数据库资源建设

国内的数据库资源建设主要围绕民俗文化、地域文化、专题文化等方面。文化数据库资源建设为文化数字资源展示和共享提供了方便有效的途径。程娟等结合地域特点、技术优势和馆藏优势论述了地方特色陶瓷文化数据库的建设意义。④ 漆亚莉和申启明以构建"壮族服饰文化数据库"为例,探索了民族服饰资源数字化保护与开发的方法。⑤ 毕传龙提出对民俗文化资源进行数据存储与开发,建设人文资源数据库,对推进文化与科技的融合具有一定的启发意义。⑥

我们应建立信息全面、立体的数据库,以灵活多样的形式传递文化信息。张玮玲对宁夏地区非遗数字化及数据库建设实情进行了调查分析,提出应赋

---

① 朱涵钰:《信息技术助推黄河水文化的数字化传播》,《新闻爱好者》2019年第12期,第27—29页。
② 贾菁:《人工智能背景下非物质文化遗产数字化传播的进阶路向》,《当代传播》2020年第1期,第98—101页。
③ 徐文:《以数字文化推动中华文化全球传播》,《人民论坛·学术前沿》2020年第8期,第132—135页。
④ 程娟、胡志刚、钱伟:《陶瓷文化特色数据库的建设与利用》,《兰台世界》2012年第29期,第36—37页。
⑤ 漆亚莉、申启明:《民族服饰资源数字化保护与开发探索——以构建"壮族服饰文化数据库"为例》,《学术论坛》2014年第37卷第10期,第123—127页。
⑥ 毕传龙:《大数据时代民俗文化资源的数字化》,《民族艺术研究》2016年第29卷第3期,第87—93页。

予传承人和拥有者参与非遗数字化保护权利的"参与式数字化保护"理念。从发挥政府主导作用，设计、制定区域性非遗资源共建、共享的数据库建设整体方案及相关细则等方面，给出了西部民族地区非遗数据库建设的具体措施和推进策略。①

文化机构的数据库建设一直是研究焦点，现阶段以高校图书馆和地方图书馆的数字化建设为主要研究阵地。张苠、柴会明和李东、过仕明分别以天津音乐学院图书馆"天津音乐家资源数据库"和哈尔滨师范大学数字博物馆建设为例，阐述了地域文化特色数据库和高校数字博物馆建设的研究现状。②③ 付跃安以国内外19座典型图书馆为例，从资源建设、资源组织、数据加工、文本建设、服务与版权等方面探讨了地方文化遗产的数字化建设。④孙赢和付松聚以古遗迹文化博物馆为研究对象，探讨新媒体时代古遗迹文化传播的机遇与挑战，并尝试提出古遗迹文化的数字传播策略。⑤

相关研究为文化数字化平台建设提供了必要的智慧支撑。文化数字化平台建设近年来也取得了一定的成果。

文化数字化平台建设以国家方针为指导，其中中国有线于2017—2022年共出台了四部数字化平台实施方案：2017年5月提出了《国家文化大数据云服务平台项目可行性研究报告》，2018年3月制定了《文化大数据云平台1.0技术实施方案》，2019年3月完成了《国家文化大数据云服务平台（一期）初步设计》，2022年12月提出了《中国有线数字文化战略与实施计划》。遗憾的是，国家文化大数据平台至今并未建成，但建设期间积累的经验对理论

---

① 张玮玲：《基于"参与式数字化保护"理念的西部民族地区非物质文化遗产数据库建设——以宁夏地区为例》，《图书馆理论与实践》2016年第12期，第110—114页。
② 张苠、柴会明：《面向地域文化的特色数据库建设——以天津音乐学院图书馆"天津音乐家资源数据库"建设为例》，《图书馆工作与研究》2019年第12期，第66—73页。
③ 李东、过仕明：《我国高校数字博物馆建设探索——以哈尔滨师范大学博物馆为例》，《现代情报》2013年第33卷第6期，第123—128页。
④ 付跃安：《数字图书馆影像资源众包文本建设研究》，《图书馆杂志》2017年第36卷第7期，第60—65页。
⑤ 孙赢、付松聚：《古遗迹文化的数字化传播策略》，《青年记者》2018年第20期，第122—123页。

与实践的研究是非常有价值与意义的。

国家大数据平台建设共经历了两个阶段。2017年,区域中心数字平台建设启动;2020年11月,八家授牌国家文化大数据区域中心;2022年,区域中心数字平台建设进入扩张期,5家区域中心投入建设,4家省域中心实施启动,其他省域中心也开始了内部论证工作。目前国家文化大数据区域中心或省域中心,均以提供互联网数据中心(IDC)基础设施服务为主,尚处于初始阶段。没有想清楚建什么、怎么建、谁来用,没有统筹社会效益和经济效益的有效举措导致文化数字平台建设并未像预期一般顺利完成。

文化数字平台建设是传播中华优秀传统文化的必由之路,具有重要意义。第一,文化数字平台建设有助于实现文化服务的现代化,提高文化服务的效率。搭建数字文化生产线有助于传统文化机构的数字化转型升级。第二,文化数字平台建设有助于推动新型数字消费的形成,助力发展数字文化消费新场景,推动数字消费的转型。第三,文化数字平台通过汇聚文化数据信息和文化数字内容,形成海量数据信息资源,助力流量内网化提升公共服务的数字化水平。第四,连接公共文化设施,提升数字化文化体验。文化数字平台通过硬件设施升级提供多网、多终端分发服务,精准满足消费者需求,提高流量。

二、中国数字化文化产业研究

中国数字化产业稳定增长,并为各行各业提供技术、产品和服务支持,为中国数字经济发展奠定了基础。从国内看,数字化正助力中国文化产业迈向高质量发展,科技和文化的融合带来了巨大发展空间,数字化技术应用愈加普及,文化新业态不断涌现,商业模式不断创新,文化产业提质增效发展驶入快车道。国家对于数字化应用的顶层设计,成为推动文化产业创新、文化和科技深度融合技术进步的重要力量。

2014年3月,国务院印发的《关于推进文化创意和设计服务与相关产业融合发展的若干意见》提出加快数字内容产业发展。2016年5月,文化部等四部委联合印发了《关于推动文化文物单位文化创意产品开发的若干意见》，提出支持数字文化、文化信息资源库建设，用好各类已有文化资源共建、共享平台，面向社会提供知识产权许可服务，促进文化资源社会共享和深度发掘利用。2016年底，数字创意产业首次被纳入《"十三五"国家战略性新兴产业发展规划》（简称《规划》）。数字创意产业成为与新一代信息技术、高端制造、生物、绿色低碳并列的新支柱产业。《规划》要求，到2020年，数字创意产业产值规模将达到8万亿元。而数字创意产业在文化领域的具体体现，正是数字文化产业。2017年2月23日，《文化部"十三五"时期文化发展改革规划》提出，要推动文化产业结构优化升级，落实国家战略性新兴产业发展的部署，加快发展以文化创意为核心，依托数字技术进行创作、生产、传播和服务的数字文化产业，培育形成文化产业发展新亮点。2017年4月，文化部出台《关于推动数字文化产业创新发展的指导意见》进一步确定了数字创意产业的发展方向和路径。2017年8月，国务院印发的《关于进一步扩大和升级信息消费持续释放内需潜力的指导意见》再度提出大力发展数字创意产业，并将制定相关政策，促进数字创意产业的进一步发展。2019年8月13日，科技部等六部门联合印发《关于促进文化和科技深度融合的指导意见》要求促进文化和科技深度融合，全面提升文化科技创新能力，转变文化发展方式，推动文化事业和文化产业更好、更快发展，并提出要加快党报党刊、通讯社、电台电视台等网络化改造和技术升级，建设"内容＋平台＋终端"的新型新闻内容生产和传播体系；探索将人工智能运用于新闻采集、生产、分发、接收、反馈中，全面提高舆论引导能力；加快高质量广播电视内容供给，推动超高清内容制作、交易、版权保护全链条体系建设；推动跨媒体内容制作与呈现，利用VR/AR技术实现内容传播精细化与沉浸化。此外，《社会信用体系建设规范纲要（2014—2020年）》要求开展文化领域信用建设。《关于推动数字文化产业创新发展的指导意见》要求，建立适应互联网传播和用户创造内容趋势的内容监管机制；建立健全文化市场警示名单、黑名单制度；构建以信用监管为核心的事中事后监管体系；改善行业管理规制，建设企业信用监管体系。

文化产业迈入以数字化和网络化为先导的全新发展阶段。文化产业结构性调整取得显著成效,数字化特征日益明显,这是新时代党中央对文化产业发展积极布局、政策引领与立法促进的结果。

在数字文化产业快速发展的拉动下,文化产业的市场竞争力也有效提升。文化产品和服务的生产、传播和消费的数字化、网络化进程加快,数字文化产业已成为文化产业发展的新动能和新增长点,"互联网+文化"优势明显。从传统到现代、从产品到服务、从指尖到心间,文化消费需求的多样化、个性化选择为供给端的文化产业提供了更多市场机遇。数字文化产业以其技术更迭快、生产数字化、传播网络化、消费个性化等特点,更好地满足了人民群众文化消费的新需求。当前,数字文化产业已成为文化产业发展的重点领域和数字经济的重要组成部分,成为促进经济高质量发展的新动能,也使得整个文化产业发展呈现出新的趋势:内容产业占比快速提升,"内容为王"的特征再度凸显;在"互联网+"平台支撑下,数字文化产业呈现爆发式增长。

数字技术和移动物联网的普及,使网络文化成为文化产品和服务的主要形态,互联网公司成为最大的文化内容供应商和主要的渠道运营商。"文化+"与"+文化"使得高科技网络公司成为文化产业公司,而文化起到的是"产业倍增器"的作用。文化产业的变化和内容产业比重的提升,使得数字文化产业发展呈现诸多新趋势。只有牢牢把握这些新趋势,才能坚定中国文化产业发展模式自信。

字幕和配音是影视翻译的两大形式。早期的西方研究较多关注配音与字幕这两种方式在经济效用、美学价值、翻译质量上孰优孰劣的问题。后来越来越多的学者意识到,这与政治、经济、文化、意识形态、电影进口政策、本土电影强弱等多种因素密不可分。[1] 正如莫娜·贝克所言,一个国家到底主要采用哪一种译制方式,往往取决于多种因素的共同影响,包括制作费用、相关技术水平的高低、本土观众的文化水准、对外语的兴趣、本国的文化开放程度以及本土电影业的发达程度,等等。[2]

---

[1] 董海雅:《西方语境下的影视翻译研究概览》,《上海翻译》2007年第1期。
[2] Mona Baker, *Routledge Encyclopedia of Translation Studies*, London: Routledge, 1998.

影视翻译与一般文学翻译有共通之处，但影视翻译是一种新生事物，又与传统的纯文学(小说、散文、戏剧、诗歌)翻译不同，具有特殊性。影视翻译面对的并非单一的文字文本，而是由图像、画面、声音、色彩等特殊的表意符号融合而成的多重符号文本，受传播空间和时间的制约，影视语言具有听觉性、视觉性、瞬时性、大众性和无注性的特点，[1]因此影视翻译就有了特殊的要求。

电影的英文片名对一部电影的海外推广非常重要。好的译名能吸引观众眼球、提升票房收入，起到画龙点睛的作用。译者需要结合本地的文化背景对影片的内容及精神再创作，既要与原剧达到心灵上的契合，又要符合外国观众的心理和审美习惯。

三、国外文化数字化建设的启示

随着数字时代的到来，数字技术和互联网在文化领域的广泛应用正深刻改变着全球的文化生态环境。依托信息技术和强大的传播能力提升文化软实力已成为 21 世纪各国新的战略目标。在"互联网＋"背景下大力提升文化软实力，对于维护民族文化特性、确保国家文化安全、提高国际综合竞争力具有十分重要的意义。美国学者约瑟夫·奈(Joseph Nye)阐述了一个国家软实力形成需具备的三种资源，其中一个就是对他人产生吸引力的文化。[2] 下面列出几个国家在文化数字化建设方面的典型案例，从政策规划、项目工程、具体措施、文化机构、传播效应、影响因素等方面进行分析，从中得出可供中国文化数字化建设借鉴的经验和教训。

（一）法国"文化外交"与"数字外交"

高科技产业和数字化建设是当今时代衡量一国综合实力不容忽视的重

---

[1] 钱绍昌：《影视翻译——翻译园地中愈来愈重要的领域》，《中国翻译》2000 年第 1 期，第 61—65 页。
[2] Joseph S. Nye Jr., *Soft Power: the Means to Success in World Politics*, New York: Public Affairs, 2004, p.11.

要环节。作为老牌的发达资本主义国家,法国曾凭借辉煌灿烂的文化艺术成果和军事实力跻身欧洲强国之列。但两次世界大战使法国的经济遭受重创,大国地位也一落千丈。为了重振国威,法国提出"文化外交"理念,通过对外输出和对外传播法国文化,增强法国在全世界的感召力。纵观历史,国与国之间文化外交的表现形式多种多样,如首脑外交、签订国家文化交流项目、缔结文化条约、组建或加入国际文化组织、开展国际公共关系活动;以及文化教育机构间开展学术交流、留学交换、文化交流、文化产品展览、文化展销会等。而法国的文化外交特色在于政府支持民间文化机构和文化组织开展对外文化传播活动,这些机构大多以协会的形式存在,有着较强的组织能力和灵活的组织方式。其中,致力于在全球范围内推广法语的法语联盟(Alliance Françoise)、负责传播法国思想的法国思想传播协会(ADPF)和1992年成立的法国艺术活动协会(AFAA)最为著名。这些协会和组织在传播法国思想、语言、文化和价值观方面起到了非常重要的作用,通过对外传输法国文化和价值观,树立了良好的国家形象,培植国际公共舆论,增强法国文化的感召力和吸引力。[①]

随着互联网技术、信息通信技术在文化领域的广泛应用,法国更加清醒地意识到数字信息技术不仅是传递信息的工具,而应该在国家的文化软实力建设中发挥更大的作用。于是继"文化外交"之后,法国外交部又首创了基于对信息和通信技术运用及技术创新的"数字外交"理念。"数字外交"将新兴的发展中国家作为推广重点,在教育、医疗、经济贸易和生活等领域的合作中融入信息通信技术。为非洲法语国家和南美洲国家提供数字技术、信息通信技术的援助,使更多的当地居民获得教育和培训的机会,这也成为法国对外文化传播的重要"助推器"。[②]

"数字外交"作为"文化外交"的延伸,二者相互补充、相得益彰。作为国

[①] 邓文君:《"互联网+"背景下法国提升文化软实力的战略路径研究》,《西安外国语大学学报》2017年第25卷第3期,第121—124页。

[②] Xavier Greffe and Sylvie Pflieger, *La politique culturelle en France*, Paris: la documentation française, 2009.

家意志的柔性传播手段,对新兴的发展中国家提供技术支持的过程,也是法国文化信息和价值观念对外投射和流通的过程。这些新兴的发展中国家在潜移默化中获得了对法国文化的认同感,法国则获得了在国际事务中的支持和追随,也提升了法国文化在这些国家和地区的影响力和感召力。

除了外交部提出的"文化外交""数字外交"理念,法国文化部早在1998年就启动了"文化精品数字化"项目,且每年在图书馆、档案馆、大型博物馆和文献中心的文化资源数字化方面的投入约为8 100万法郎。[①] 在保护文化遗产数字化方面,文化部于2010年9月支出7.5亿欧元用于文化遗产数字化工程,其中75%用于项目投资,25%用于资助部分科研项目。工程涉及书籍、图片、影像、文件及声音资料等文化资源,资金主要投给国家图书馆、国家电影资料中心、卢浮宫、蓬皮杜中心、巴黎歌剧院等十几家文化机构。例如,对卢浮宫展出的6万多件藏品进行了数字化处理,并将其中的3.5万件藏品搬上了网站,为网民提供虚拟的观展服务,实现了对卢浮宫的虚拟再创造和数字化管理。[②]

其他机构,如国家视听机构、法国国家图书馆、国家博物馆协会、音乐研究协调机构等都有自己的数字化计划。其共同点在于重投资,结合政府与企业之力,将数字理念和技术应用于生产与实践,并以此推动艺术创作、媒体融合等文化产业的发展,拓展新的文化空间。

此外,法国意识到语言是开展一切对外文化活动的基石,语言的多元化和翻译事业的发展对推动法国文化走向世界、提升法国的国际地位有举足轻重的作用。20世纪90年代末,随着欧盟一体化进程的深入,法国在欧盟内部大力倡导"文化多样性"原则,力促欧盟内部的多元文化发展,推进欧洲价值共同体和命运共同体的"多元一体"进程。欧盟丰富的语言资源为实现语言多元化奠定了基础,数字技术的发展为语言技术的研发、翻译软件的开发提供了必要的技术支持。一方面,法国将"聚焦语言的多样化、拓展语言多样化的手段、构建国家和欧洲层面的语言科技战略、提高公共场合法语的使用

---

① 梁昊光:《文化资源数字化》,人民出版社2014年版。
② 邓文君、李凤亮:《数字时代法国对外文化传播策略研究》,《天津师范大学学报(社会科学版)》2015年第3期,第44页。

率"作为数字时代发展语言多样化的战略目标,从资料搜集、建立专业术语库、语言翻译软件研发等方面倡导欧盟各国共同致力于语言资源的开发,并充分利用数字技术,例如混音识别技术、语音翻译技术等。① 另一方面,法国通过推进欧盟语言多元化,进一步提高了法语在国际舞台上的使用率和翻译率,提升了法国文化在国际社会的影响力。

(二)"美国记忆"计划

1990年,美国启动了"美国记忆"计划,旨在以数字化方式整合其建国两百多年来的历史文化遗产。1994年,随着互联网的兴起与发展,国会图书馆宣布开展"美国国家数字图书馆计划",同时将"美国记忆"作为先导项目启动,将国会图书馆和其他文献机构最具价值的历史文化资源进行数字化加工,从而实现最佳收藏及利用,并借此探索历史资源数字化的管理机制、技术规程及知识产权等问题。② "美国记忆"数字化藏品记录着美国丰富的历史和文化资源。资源内容庞杂、类型多样,将其分类整理为原始形态、创建者、整理汇总者、捐赠者等主题并组成100多个馆藏库,同时加以解释说明,使得所有资源井井有条且容易搜寻。这些资源的原始格式有手稿、画作、照片、海报、地图、声音、动画、书籍、小册子及活页乐谱等。每一件在线藏品都附有解释说明,使其易于被读者发现、利用和理解。收藏库相对独立,允许库内浏览和检索,同时为了帮助读者查找资料,也提供跨库检索。③

美国记忆数字图书馆④目前已将大部分的"美国记忆"数字藏品移至国会图书馆的收藏专栏中,并免费向所有人开放,便于人们获取、使用与分享。该项目利用多媒体手段真实反映了美国历史文化的原始资料并进行全景式展现,避免了简单枯燥的文字、数据堆砌。

---

① 邓文君:《"互联网+"背景下法国提升文化软实力的战略路径研究》,《西安外国语大学学报》2017年第25卷第3期,第121—124页。
② 游毅:《"美国记忆"与我国历史文化资源建设的比较与启示》,《情报资料工作》2008年第5期,第56—59页。
③ 梁昊光:《文化资源数字化》,人民出版社2014年版。
④ 网址为:https://www.loc.gov/collections/。

"美国记忆"是关于美国历史和创造力的较为全面的数字化记载,被广泛认为是一本动态的美国历史文化百科全书。而后,该项目又对国会图书馆及其他主要档案机构和研究型图书馆的最具历史价值的珍藏品进行了数字化加工,使它们能够通过网络传递给全世界的互联网用户。

(三)意大利非遗文化数字化与威尼斯时光机

由于特殊的历史原因,意大利的文化遗产和非物质文化遗产大都分散保存,收藏于个人家庭及教会之中,这给非物质文化遗产的管理、开发和利用造成了非常大的困难与挑战。为了实现非物质文化遗产资源的信息共享,意大利中央政府特别成立了目录及档案材料中央学会、意大利图书馆统一目录及图书目录学情报中央学会、图书修补中央学会等,开展非物质文化遗产资源的登记、整理等书目控制工作,为意大利非物质文化遗产数字化工作打下了良好的基础。如因特网文化遗产项目是由意大利图书遗产与文化机构专业委员会发起,意大利图书馆统一目录及图书目录学情报中央学会具体实施和维护,为公众提供意大利文化遗产资源的在线文化遗产资源服务系统。该项目最终完成了意大利数字图书馆门户与文化旅游网的建设,提供基于图书馆、档案馆以及其他文化机构的数字或传统文化资源的集成获取系统,从而将文化遗产的可获取性提升至国家乃至国际水平。[1]

非遗数字化保护方面,意大利最突出的项目为"威尼斯时光机"。它是由洛桑联邦理工学院和威尼斯卡福斯卡里大学于2012年推出的一个大型国际研究项目,旨在建立一个涵盖威尼斯1000多年历史文化遗产的开放数字档案馆,利用数字化的手段再现威尼斯城市的历史与文化。该项目对存储在威尼斯国家档案馆的大量文献档案进行扫描和数字化,将文献资源以虚拟形式存储于互联网中,建立一个大型的开放数据库,实现档案文件的全球网络访问。[2] 项目将威尼斯几千年来的历史变迁以动态数字形式呈现,

---

[1] 谭必勇、张莹:《中外非物质文化遗产数字化保护研究》,《图书与情报》2011年第4期,第7—11页。
[2] Abbott Alison, "Venice gets a Time Machine", *Nature*, Vol 546, June 2017, pp.341-344.

不仅为公众提供了一种新的历史学习和研究的方法,还有利于实现对文化遗产数字化的长期保存。① 该项目致力于运用"时光机器"穿梭千年前的威尼斯,如让人们在谷歌地图中查看路径时,也可以看到十几年前甚至 1 000 年前的道路、建筑,而这一目标的实现离不开云技术。② 海量数字信息资源的存储、开发与利用依赖于云计算的支撑,并且利用云技术还能够对缺失的信息做出较为准确的预测,完善历史信息。目前,威尼斯国家档案馆的开放数据库仍处于建设阶段,但也有部分研究应用开始投入使用,如洛桑联邦理工学院数字人文实验室开发了一款专用于图像和建筑艺术品的搜索引擎,并已在威尼斯文化遗产领域投入应用。③

在现代文化产业方面,依托于"威尼斯时光机"项目,威尼斯将建立一个企业孵化器。入驻企业将涉及旅游和数字博物馆的增强现实应用、文化遗产的复原和保护、机器学习技术、未来城市规划、家谱平台以及基于过去大数据的流行病学研究等领域。目前,旅游产业已经受"威尼斯时光机"项目的广泛影响。"威尼斯时光机"项目能为旅游产业提供虚拟现实交互技术支持,项目成果中有关威尼斯城市历史的数字化视频可为公众提供基于 4D 模拟,甚至是基于虚拟现实的威尼斯历史回顾展示。除此之外,还制作了一系列有关威尼斯的动画视频,跨越不同的空间和时间,多维角度展示了威尼斯的历史文化变迁。④

(四)英国非遗文化在线数据库与 BBC

英国的公共图书馆、博物馆、档案馆,以及公共文化组织与协会参与非物

---

① 翟姗姗、张纯、许鑫:《文化遗产数字化长期保存策略研究——以"威尼斯时光机"项目为例》,《图书情报工作》2019 年第 63 卷第 11 期,第 140—148 页。

② Frederic Kaplan, "How to build an information time machine [EB/OL]", 2018 - 06 - 16, http://www.ted.com/talks/frederic_kaplan_how_i_built_an_information_time_machine.

③ Digital Humanities Lab, "REPLICA [EB/OL]", 2018 - 06 - 01, https://actu.epfl.ch/news/replica/.

④ Abbott Alison, "The 'time machine' reconstructing ancient Venice's social networks". [EB/OL]. 2018 - 06 - 14, https://www.nature.com/news/the-time-machine-reconstructing-ancient-venice-s-social-networks-1.22147.

质文化遗产数字化保护的积极性都很高。著名的英国泰特在线网是由泰特美术馆、泰特现代美术馆、泰特利物浦美术馆和泰特圣艾富思美术馆联合创办的,展示了英国传统古典音乐、现代音乐及利物浦地方音乐,为人们研究、了解、欣赏英国音乐提供了集成化资源获取路径。

英国维多利亚与艾尔伯特博物馆近年来建立了首个中国艺术图像志文献库,目前图像志主题分类的检索系统已上线,虽然还有很多功能尚未完善,但已经链接了维多利亚与艾尔伯特博物馆、美国大都会艺术博物馆和中国的台北故宫博物院的许多重要馆藏。

西方博物馆中的检索系统和编目系统是基于西方艺术品分类开发的,不足以满足研究亚洲艺术的需求。例如,搜索与猫相关的藏品,不论是输入"cat",还是"猫"都可以检索到。但在中国传统文化中,猫还有个别称"狸奴"。宋代诗人陆游就在《十一月四日风雨大作》的诗歌中写下"我与狸奴不出门"这样的诗句。很多宋代的画中有关猫的图片,它的题名可能就"狸奴"而非"猫"。所以这部分藏品在编目系统中如果输入"猫"就很难查到,原因就在于系统中缺乏很多具有中国文化独特性的词汇。[1]

软实力是美国政治学家约瑟夫·奈于20世纪90年代初提出的概念。软实力是诱导、吸引、说服、同化其他国家的一种吸引力,是国家综合实力的一部分,与军事、经济等硬实力同等重要。他指出:"特别是文化、教育、大众媒介等方面,软实力的性质是无法用传统的地缘政治学来解释和评估的。"[2]英国在加强文化软实力方面有着得天独厚的优势,例如英语在全世界的广泛传播、"日不落帝国"在殖民时期留下的遗产及影响力等。在提升文化吸引力及扩大文化影响力方面,英国在其文化教育协会的统领下,充分利用自身的比较优势,有层次、有步骤地采取有效措施,在文化外交、文化交流、文化输出等方面均取得了显著成果。最具代表性的就是以英国广播公司(BBC)为代

---

[1] 首个针对中国艺术建立的图像志文献库在V&A博物馆上线,中国艺术史研究的新方法? https://www.sohu.com/a/355430776_256863。
[2] Joseph S. Nye Jr., "Soft Power", *Foreign Policy*, No.80, 1990, pp.153–171.

表的英国主流媒体的作用及影响。①

英国广播公司在1922年建台之初就确定了要牢牢掌握英国社会主流文化并形成"文化领导权"的价值理念和战略思维,拒绝商业化和市场化,通过高质量、高品位的节目,主导社会价值观发展方向。目的在于传播英国社会价值观,提升英国文化吸引力及影响力。《2018年全球软实力研究报告》指出：BBC的世界广播(BBC World Service)作为全世界最具可信度的新闻传播平台,在全球范围内汇聚了众多追随者,持续成为体现这个国家软实力的最优价值资产之一。②

(五)"日本记忆"

作为中国一衣带水的近邻,日本的民族文化与中国的文化具有一定程度的同源性。日本在民族传统文化保护方面走在亚洲乃至世界前列,有很多经验值得我们借鉴。

日本是亚洲较早开展历史文化遗产保护工作的国家。早在1950年,日本就创立了《文化财保护法》,将文化财分为有形文化财(建筑、绘画、雕刻、工艺品、书法作品等)和无形文化财(戏剧、音乐、工艺技术等)。近年来,日本国立国会图书馆积极开展非物质文化遗产资源数字化工作,搭建了非物质文化遗产数据库：一个是2000年3月建立的贵重图书图像数据库,内容包括：日本江户时代(19世纪以前)出版的193件日文及中文古籍和505件浮世绘图像。另一个是2002年10月建立的"日本年历",主要是介绍日本历史和文化,适合大众浏览。受"美国记忆"的启发,该类资源库将统一整合至"日本记忆"数据库中。③

除了国家层面的努力,企业在保护文化遗产方面也发挥着重要作用。日

---

① 朴锋春：《BBC对英国文化软实力提升带来的启示》,《青年记者》2020年第16期,第58—59页。
② Portland & USC Center on Public Diplomacy, "The Soft Power 30: A Global Ranking of Soft Power 2018 [EB/OL]", https://softpower30.com/wp-content/uploads/2018/07/The-Soft-Power-30-Report-2018.pdf, 2019-08-30.
③ 梁昊光：《文化资源数字化》,人民出版社2014年版。

本日立公司成立了一个集文学家、科学家、历史学家、画家、技术人员于一体的专家小组,成功地把在历史和战乱中散佚了的日本古典艺术杰作《源氏物语图》进行了数字化再现,创作了"数字源氏物语图"。"数字源氏物语图"不仅体现了日本的传统文化,还代表了当今日本高科技的水平,是日本领导人出访国外携带的礼物,已成为日本的"数字文化大使"。[①]

数字化文化生产线和消费平台是文化数据服务平台的"一台两擎"。面对现阶段中国文化数字化建设的基本情况,我们可以从"报刊图艺""数字视听领域""数字平台消费"等领域进行发展方向上的厘定。

第一,建立报刊、图艺领域的数字文化生产线。调查图书、报业、期刊、艺术等领域的数字文化生产线,探索数字文化生产线的智能化、可溯化、可信化、可视化发展方向。

第二,探索视听领域的数字内容生产线。国内现有的完备的文化数字化生产线可以为视听领域的数字内容生产提供强有力的技术与内容支撑。如,华为云、大洋融合媒体、百度智能云、国家电影云制作、MORE VFX 视效混合云、阿里影视云渲染等数字内容生产线。影视领域的内容生产线较为成熟,融媒体的采编、审核、播出,以及合片、剪辑、建模、渲染等制作流程也已全面实现数字化,大幅提升了生产效率。数字文化生产线和视频服务平台,要求云服务弹性、快捷、可信,要求网络大带宽、低时延、强算力、高质量。

第三,探索视频平台"消费者+生产者"的模式。除了上述的技术生产线外,国内也有多个数字内容生产线,如,快手、抖音、小红书、哔哩哔哩等。"社交+内容"是现有平台的通行模式,这一模式连接生产者和消费者,实现生产、分发和消费的互动和开放链接。文化数字平台建设应该在原有成熟的运营模式上增加"消费者+生产者"模式,以适应文化共创时代的要求,激发用户的创造能力。立足消费促生产、立足需求保供给才是文化产业发展趋势。

[①] 徐红、郭姣姣:《数字化技术在日本民族文化传承中的运用及启迪》,《新闻大学》2014年第6期,第47—54页。

结　　语

中华优秀传统文化是中华民族智慧的结晶,是华夏民族的基因密码,更是人类文化不可或缺的一部分。翻译是推动中华文化海外传播、促进世界文明互鉴和多民族文化交流的重要环节之一。然而,近年来中华传统文化外译效果并不理想,原因在于中国传统文化元素外译的准确性较难把控,因此必须建立一个全面、完善的翻译体系。

本研究从宏观视角出发,将中华传统文化外译置于中华文化发展与海外传播的框架下,从语言、交流与文化等方面,分析了中华优秀传统文化在传播过程中的"译什么""如何译"和"如何传播"三个核心问题,同时对中国传统文化外译与传播个案进行分析,希望可以对传统文化汉译起到一些促进作用。

首先,解决"译什么"的问题。

"译什么"即对中华优秀传统文化的筛选。在经济全球化的趋势下,全球文化在融合的同时,也保持着各自的宗教文化、社会制度、经济制度等特征。中国传统文化最重要的内容是以人为本,中华灿烂文化滋养着人民,是我们的重要财富。中华传统文化多崇尚自然、重视人性,提倡人与自然和谐相处,反对个人主义和极端主义。西方文化一直受宗教的影响,则更注重私权和人身权利。中西方文化存在巨大的差异,而翻译的目的就是缩小这种文化差异,有效地解读文化内涵。从某种角度来看,翻译不是语言翻译,而是文化翻译。

本研究系统总结了新中国成立以来翻译学的发展史,探究不同时期译本选择的特点,结合新中国成立以来翻译行业与出版行业的发展要求及新时期文化发展特色,阐述了中华优秀传统文化内容筛选的特征及方法。

随着技术的发展,中华优秀传统文化拥有了许多现实书写的新形式。将多媒体艺术嵌入中国传统文化是文化未来的发展趋势。例如,将中国传统的吉祥纹饰和象征元素与现代多模态传播模式相结合,就衍生出很多文化消费品,形成新的符号化、模式化的文化元素,再通过现代多媒体艺术以更适合消费群体的方式进行外化。现代数字多媒体的多模态艺术表达形式为传统文化提供了新的发展方向,从新的角度体现了文化的内涵,也是一种新型翻译模式。

本研究跳出传统翻译研究对象的框架,将视野扩展到中华优秀传统文化的多模态传播方面,并探索如何在泛翻译时代推动中华优秀传统文化的跨区域传播。

其次,解决"如何译"的问题。

本研究从理论与实践两方面进行研究。理论方面,系统总结了社会翻译学的发展历程,以此为框架,形成了中华传统文化海外翻译与传播的理论框架。社会翻译学从一种更新、更全面的视角解读了中国传统文化,是中华优秀传统文化翻译与海外传播的新路径。实践方面,因为中西方文化内涵差异较大,所以翻译时经常会存在一些问题,主要有两方面原因:

第一,缺乏对东西方文化内涵的理解。中国传统文化起源于道家和儒家,新中国成立后,又形成了以中国特色马克思主义为指导的文化体系。无论从文化内涵还是从表达方式上都与西方存在巨大的差异。语言间的差异导致译者在对事物进行描述时缺乏文化层面的共识,以及很多中华文化元素难以找到对应的表达。这给中国传统文化的翻译带来了很大的挑战。

第二,中西方的政治、历史差异。这一点在翻译新中国成立以来的历史文献时尤其明显。中西方在许多观点上的差异,也会在译本中得以体现,在一定程度上反映了翻译作为社会活动对社会发展所起的作用。中国近现代翻译史也是译者自身对一些历史文化事件的解读,一定程度上反映了西方社会对中华文化的态度。正是由于翻译的历史性、文化性与社会性,社会翻译学在研究中华优秀传统文化外译的时候才更具有实践意义与价值。

最后,解决"如何传播"的问题。

尽管中国在面临新时代挑战时,已经做了大量的促进中华传统文化的外译与海外传播的工作,但仍有优化和改进的空间,如加快传统文化与数字技术结合的步伐,促进中华优秀传统文化的多模态传播,提升中华优秀传统文化的数字化进程等方面。本研究也尝试给出相应的解决方案。

第一,应加快平台搭建与优化服务,结合市场发展的需要,加快中华优秀传统文化的数字化、符号化、商品化进程,用更加高效的方式将中华优秀传统文化传播到海外,从而提高文化资源的利用率和应用价值。

第二,扩大中华优秀传统文化的海内外影响力。我们应与机构开展合作,在加速人才培养的基础上,积极推进中华优秀传统文化的多形态转化与多模态传播。以文化为载体,促成更广泛、更全面的文化交流。

第三,传统文化数据库建设,尤其是古籍库的建设已初具规模,并且开始为中华文化的海外传播发挥作用。本研究系统整理了国内外现存的古籍库,系统阐述了国外数字平台的建设与使用情况;分析了中国数字文化产业面临的问题与社会价值,旨在为中华文化数据库建设提供一些经验。

第四,抓住发展机遇,加快人才培养步伐。优化队伍建设,提升中华优秀传统文化翻译与海外传播人员的整体实力和服务水平;与政府、科研院所、出版机构等开展合作,形成从人才培养、传播环境建设到数字化服务平台一体化的中华优秀传统文化海外传播模型。

图书在版编目(CIP)数据

社会翻译学视域下的中华优秀文化外译和传播研究 / 王筱依著 .— 上海 : 上海社会科学院出版社, 2024
ISBN 978 – 7 – 5520 – 4356 – 3

Ⅰ.①社… Ⅱ.①王… Ⅲ.①中华文化—翻译—研究 ②中华文化—文化传播—研究 Ⅳ.①K203②H059 ③G125

中国国家版本馆 CIP 数据核字(2024)第 072595 号

社会翻译学视域下的中华优秀文化外译和传播研究

著　　者：王筱依
责任编辑：周　萌
封面设计：黄婧昉
出版发行：上海社会科学院出版社
　　　　　上海顺昌路 622 号　邮编 200025
　　　　　电话总机 021 – 63315947　销售热线 021 – 53063735
　　　　　https://cbs.sass.org.cn　E-mail:sassp@sassp.cn
排　　版：南京展望文化发展有限公司
印　　刷：上海龙腾印务有限公司
开　　本：710 毫米×1010 毫米　1/16
印　　张：11
字　　数：161 千
版　　次：2024 年 6 月第 1 版　2024 年 6 月第 1 次印刷

ISBN 978 – 7 – 5520 – 4356 – 3/K・723　　　　　定价：98.00 元

版权所有　翻印必究